빠른시작

빠작

중학 국어
서술형 쓰기

차례 CONTENTS

시험에 자주 나오는
대표 유형 학습으로
서술형 문항 감 잡기

서술형 문항에 자주
출제되는 대표 유형 11개

학교 시험에 출제된 서술형 문항을 분석하여 자주 출제되는 대표 유형 11개를 선정하였습니다. 이를 익혀 두는 것만으로도 서술형 문항의 감을 익히고, 문제 해결 능력을 기르는 데 큰 도움이 될 것입니다.

서술형 유형을 이해하는 것
이 왜 필요한가요?

서술형 문항은 여러 답지 가운데 하나를 선택하는 것이 아니라 스스로 답안을 작성해야 하기 때문에 어려움을 느끼는 학생들이 많습니다. 따라서 시험에 자주 나오는 대표 유형을 살펴보며 유형별로 어떤 점에 유의해야 하는지를 익히며 훈련을 해 두는 것이 좋습니다.

제한된 분량에 맞게 쓰기 ①

지문 개관

봉건적 윤리와 인간적 감정 사이에서 갈등하는 어머니와 그런 어머니를 연모하는 사랑손님 사이의 사랑과 이별 이야기를 다룬 작품이다. 여성의 재혼을 부정적으로 여기던 1930년대의 시대상을 배경으로, 통속적일 수 있는 이야기를 어린아이의 시선에서 순수하고 아름답게 전달하고 있다.

'오늘은 어머니를 좀 기쁘게 해 드려야 텐데……. 무엇을 갖다 드리문 기뻐할까?' 하고 생각했습니다. 그러자 문득 유치원 안에 선생님 책상 위에 놓여 있던 꽃병 생각이 났습니다. 그 꽃병에는 나는 이름도 모르나 곱고 빨간 꽃이 꽂히어 있었습니다. 그 꽃은 개나리도 아니고 진달래도 아니었습니다. 그런 꽃은 나도 잘 알고 또 그런 꽃은 벌써 피었다가 져 버린 후였습니다. 무슨 서양 꽃이려니 하고 나는 생각하였습니다. 나는 우리 어머니가 꽃을 사랑하는 줄을 잘 압니다. 그래서 그 꽃을 갖다가 드리면 어머니가 몹시 기뻐하려니 하고 생각하였습니다.

그래서 나는 도로 유치원 방 안으로 들어갔습니다. 마침 방 안에는 아무도 없었습니다. 선생님도 잠깐 어디를 가셨는지 보이지 않았습니다. 그래 나는 그 꽃을 두어 개 얼른 빼 들고 달음질쳐 나왔지요.

집에 오니 어머니는 문간에서 기다리고 있다가 나를 안고 들어왔습니다.

"그 꽃은 어디서 났니? 퍽 곱구나."

하고 어머니가 말씀하셨습니다. 그러나 나는 갑자기 말문이 막혔습니다. '이걸 엄마 드릴라구 유치원서 가져왔어.' 하고 말하기가 어째 몹시 부끄러운 생각이 들었습니다. 그래 잠깐 망설이다가.

"응, 이 꽃! 저, 사랑 아저씨가 엄마 갖다 주라구 줘." / 하고 불쑥 말했습니다. 그런 거짓말이 어디서 그렇게 툭 튀어나왔는지 나도 모르지요.

꽃을 들고 냄새를 맡고 있던 어머니는 내 말이 끝나기가 무섭게 무엇에 몹시 놀란 사람처럼 화닥닥하였습니다. 그러고는 금시에 어머니 얼굴이 그 꽃보다도 더 빨갛게 되었습니다. 그 꽃을 든 어머니 손가락이 파르르 떠는 것을 나는 보았습니다. 어머니는 무슨 무서운 것을 생각하는 듯이 방 안을 휘 한번 둘러보시더니,

"옥희야, 그런 걸 받아 오문 안 돼."

하고 말하는 목소리는 몹시 떨렸습니다. 나는 꽃을 그렇게 좋아하는 어머니가 이 꽃을 받고 그처럼 성을 낼 줄은 참으로 뜻밖이었습니다.

— 주요섭, 「사랑손님과 어머니」

 문제 〈보기〉에서 설명하는 소재를 윗글에서 찾아 3어절로 쓰시오. [4점]

[보기]
　이 작품에서 '이것'은 아저씨에 대한 어머니의 감정을 간접적으로 드러내며, 어머니의 내적 갈등을 고조시키는 역할을 한다.

유형 이해

문제에서 묻는 답을 제시된 글자 수 또는 띄어쓰기 단위에 맞게 쓰는 서술형 문항이다. 앞서 살펴본 〈유형 01〉~〈유형 03〉에 '음절' 또는 '어절'이라는 제한 조건이 붙어 출제되는 경우가 많은데, 이 경우 제시된 글자 수 또는 띄어쓰기 단위가 답을 찾는 실마리가 될 수 있다.

왜 틀리나?

 '음절', '어절'이라는 게 무슨 말인지 모르겠어요.

 해결 Tip

이와 같은 유형의 문제는 제시된 조건, 즉 **제한된 글자 수 또는 띄어쓰기 단위에 맞춰 답안을 작성**하는 것이 중요하다. 정답과 같은 맥락의 내용이라도 글자 수나 띄어쓰기 단위가 틀린 경우 감점을 받거나 오답으로 처리될 수 있기 때문이다. 이 유형에서는 '음절', '어절'이라는 말이 자주 쓰이는데, 이 두 개념을 분명하게 알아두도록 한다. 특히 '어절'의 경우, 올바른 띄어쓰기 규범에 대한 지식이 있어야 하므로 평소 관련 지식을 잘 익혀 둘 필요가 있다.

- 음절: 한 번에 소리 낼 수 있는 마디, 즉 하나하나의 글자를 뜻한다.
- 어절: 문장을 구성하는 각각의 마디, 즉 띄어쓰기의 단위를 뜻한다.

> **유형 설명 및 해결 Tip**
> 유형별로 어떤 유형인지를 설명하고, 학생들이 해당 유형의 문제를 자주 틀리는 까닭과 이에 따른 구체적인 해결 Tip을 제시하였습니다.

 채점하기

모범 답안 곱고 빨간 꽃

해설	"금시에 어머니 얼굴이 그 꽃보다도 더 빨갛게 되었습니다. 그 꽃을 든 어머니 손가락이 파르르 떠는 것을 나는 보았습니다."라는 구절로 볼 때, '나'가 가져온 '곱고 빨간 꽃'은 아저씨에 대한 어머니의 감정을 간접적으로 드러내는 동시에 어머니의 내적 갈등을 고조시키는 기능을 함을 알 수 있다.
채점 기준	• 해당 소재로 "곱고 빨간 꽃"을 제시함. ⇒ 4점 – '꽃' 또는 '빨간 꽃'이라고 쓴 경우 ⇒ 2점

[이러면 감점] 위의 채점 기준을 참고하여 아래 답안을 채점하고 **감점 받은 이유**를 써 보자.

답안 1	꽃	__점

→ 감점 이유는?

답안 2	빨간 꽃	__점

→ 감점 이유는?

> **채점하기**
> 서술형 문항의 모범 답안과 채점 기준을 제시하여 자신이 쓴 답을 채점해 볼 수 있습니다.
>
> [이러면 감점] 감점을 받게 되는 여러 답안을 채점해 보면서 서술형 문항의 답안을 작성할 때 유의해야 할 점을 스스로 터득할 수 있습니다.

실전 학습

**교과서를 바탕으로 한
서술형 실전 학습으로
답안 작성 능력 키우기**

**교과서 제재를 바탕으로 한
실제 서술형 문항 제시**

중학교에서 배우는 국어 교과서 9종
에 실린 제재 가운데 중요한 것을 선별
하여 지문을 수록하고, 단답형 문항, 일
반 서술형 문항, 깊은 사고력을 바탕으
로 하는 논술형 문항까지, 학교 시험에
출제되는 다양한 형태의 서술형 문항을
구성하였습니다. 이를 통해 교과서 주
요 제재에 대한 이해의 폭을 넓히고, 실
제 시험에 대한 적응력을 높일 수 있습
니다.

실전
01

운문 문학 ①

㉠꽃가루와 같이 부드러운 고양이의 털에
고운 봄의 향기가 어리우도다.*

금방울과 같이 호동그란* 고양이의 눈에
미친 봄의 불길*이 흐르도다.

고요히 다문 고양이의 입술에
포근한 봄 졸음*이 떠돌아라.

날카롭게 쭉 뻗은 고양이의 수염에
푸른 봄의 생기*가 뛰놀아라.

– 이장희, 「봄은 고양이로다」

지문 개관

고양이의 모습을 통해 드러나는
봄의 분위기를 노래한 작품이다.
고양이의 털, 눈, 입술, 수염을 통
해 봄의 향기, 불길, 졸음, 생기 등
봄의 느낌과 분위기를 감각적으
로 그려 내고 있다.

┌─── 시어·시구 해설 ───┐
* **어리우도다** '어리다'의 감탄형.
  어떤 현상, 기운, 추억 따위가 배
  어 있거나 은근히 드러나다.
* **호동그란** '회동그랗다'의 방언.
  크게 뜬 눈이 동그란.
* **미친 봄의 불길** 생명력 넘치는
  봄의 느낌을 표현함.
* **포근한 봄 졸음** 나른한 봄의 느
  낌을 표현함.
* **푸른 봄의 생기** 생동감 넘치는
  봄의 느낌을 표현함.

1 3연에서 찾아볼 수 있는 감각적 심상 두 가지를 쓰시오. [4점]

| 문항 분석

특정 시구에 나타나는 심상을 파악하는 문항이다. '두 가지' 심상을 정확한 용어로 써야 한다.

▶활동 Tip 3연의 시구를 살펴보면서 어떤 감각과 관련된 심상이 느껴지는지 생각해 본다.

_____

문제 해결의 실마리가 되는
문항 분석 및 활동 Tip

문제에서 요구하는 바와 주의 사항을 확인할 수 있습니다. 또 활동 Tip을 통해 문제 해결의 실마리를 파악할 수 있습니다.

2 ㉠에 사용된 비유적 표현의 내용과 효과에 대해 〈조건〉에 맞게 서술하시오. [4점]

─〈조건〉─
• ㉠에 사용된 비유적 표현의 원관념과 보조 관념을 밝힐 것.
• "㉠에서는 ～을/를 ～에 비유하여 ～을/를 강조하고 있다."의 형식으로 쓸 것.

| 문항 분석

시에 사용된 비유적 표현의 내용과 효과를 파악하는 문항이다. '비유적 표현의 원관념과 보조 관념 제시'라는 내용 조건, 문장 형식과 관련한 형식 조건이 제시되어 있다.

▶활동 Tip ㉠에 사용된 비유적 표현을 확인하여 원관념과 보조 관념을 찾고, 이를 통해 무엇을 강조하고 있는지 생각해 본다.

_____

| 서술형 쓰기 Tip | 답안으로 써야 할 문장 형식 전체가 제시된 경우에는 "～" 부분에 들어갈 내용을 먼저 찾아야 한다. 이때 문장 형식 외에 추가 조건이 있다면 그것을 살펴보는 것이 좋다. 이 문제에서는 비유적 표현의 원관념이 첫 번째 "～" 부분에, 보조 관념이 두 번째 "～" 부분에, 표현의 효과가 세 번째 "～" 부분에 들어가야 한다.

답안 작성에 도움이 되는
서술형 쓰기 Tip

서술형 답안을 작성할 때 도움이 되는 쓰기 Tip을 확인할 수 있습니다. 이를 통해 효과적인 문장 구조 및 답안 구성 방법을 익힐 수 있습니다.

정답
다시 써 보기 │ 틀린 문제의 경우, 정답을 다시 써 보자.

_____

틀린 이유를 되새겨 보는
정답 다시 써 보기

틀린 문제의 경우, 정답과 해설에 제시된 모범 답안을 따라 써 보며 어떤 점에서 틀렸는지, 어떻게 답안을 써야 하는지를 되새겨 볼 수 있습니다.

서술형 문항, 어떻게 대비할까?

서술형 문항이란?

우리가 흔히 아는 시험의 형태는 선택지 ①~⑤번 가운데 답을 고르는 것입니다.

이것을 객관식 또는 선택형 문항이라고 합니다. 말 그대로 제시된 항목에서 답을 선택하는 형태의 문항입니다.

반면 서술형 문항은 답을 직접 쓰는 형태의 문항입니다. 답안지를 봐도 그냥 텅 비어 있습니다.

이러한 서술형 문항은 단순히 답을 찾아내는 것이 아니라, 학생들의 실제적인 문제 해결 능력, 분석력, 비판력, 창의력 등을 기르기 위해 도입되었습니다.

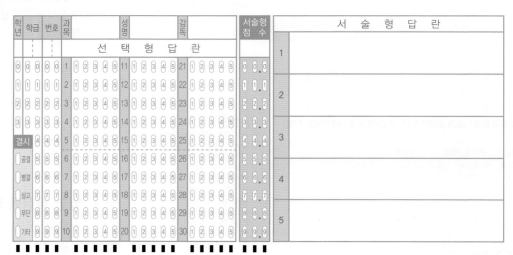

서술형 대비, 왜 필요한가?

답을 처음부터 끝까지 직접 써야 하기에 서술형 문항을 어려워하는 학생들이 많습니다.

그런데 학교 시험에서 이 서술형 문항에 대한 관심이 점점 높아지고 있습니다.

어떤 학교에서는 객관식 평가를 모두 없애고 서술형 평가와 수행 평가만으로 평가를 진행하기도 합니다.

서술형 문항은 그 비중이 점점 커지고 있고, 배점도 점점 높아지고 있습니다.

따라서 서술형 문항에 대해 미리 대비하고, 답안을 쓰는 연습을 많이 해 둘 필요가 있습니다.

서술형 문항, 이렇게 대비하자!

1 교과서에 제시된 핵심 개념을 암기하자!

서술형 문항에 대비하기 위해서는 먼저 교과서에 제시된 핵심 개념을 정확하게 이해하는 것이 필요합니다. 따라서 각 단원에서 설명하는 핵심 개념들을 분명하게 이해하고 암기해 두는 것이 좋습니다. 학습 목표나 본문, 학습 활동에 반복적으로 제시되는 개념이나 용어를 찾아 그 뜻과 기능 등을 확실하게 기억해 둡시다.

여러 번 반복되는
핵심 개념을
외워 두자!

2 교과서 학습 활동에 주목하자!

학교 시험의 대부분이 그렇지만 서술형 문항은 특히 교과서에 제시된 학습 활동을 바탕으로 출제되는 경우가 많습니다. 따라서 교과서에 제시된 학습 활동을 꼼꼼하게 살펴보며 그 내용을 확실하게 이해해 두는 것이 필요합니다. 교과서 학습 활동에 제시된 물음은 바로 그 답이 나올 수 있게 반복하여 익혀 둡시다.

교과서 학습 활동을
꼼꼼하게 살펴보자!

3 자주 출제되는 서술형 문항의 유형을 익혀 두자!

서술형 문항은 형태상 그 종류가 무궁무진해 보이지만, 실제로는 몇 가지 유형으로 나눠 볼 수 있습니다. 따라서 이 서술형 문항의 유형을 이해하면 실제 시험에 대한 적응력을 높일 수 있습니다. 시험에 자주 출제되는 서술형 문항의 유형을 익혀 두고, 각각의 유형에서 유의해야 할 점을 기억해 둡시다.

자주 출제되는
서술형 유형을
이해하자!

4 실제로 글을 써 보며 공부하자!

서술형 문항의 답안을 쓸 때에는 맞춤법과 띄어쓰기 규칙에 맞게, 때로는 문장 형식을 갖추어 써야 합니다. 따라서 서술형 문항은 눈으로만 보지 말고 실제로 글을 써 보며 공부하는 것이 중요합니다. 기본적인 어문 규정을 익혀 두고, 교과서 학습 활동의 예시 답안을 따라 써 보거나, 자기 생각을 문장 형식으로 정리하여 꾸준히 써 봅시다.

눈이 아닌,
손으로 공부하자!

I 유형 학습

학교 시험에 자주 출제되는 서술형 대표 유형 11개를 제시하였다.
유형별로 어떤 유형인지를 이해하고, 학생들이 자주 틀리거나 감점을 받는 까닭을 살펴보면서
해당 유형에서 주의해야 할 사항과 해결 방법, 평소 익혀 두어야 할 학습 내용을 확인해 보자.

개념 및 용어 쓰기

지문 개관

별들이 가득한 밤하늘의 아름다운 모습과 유성이 떨어지는 순간의 모습을 감각적으로 그린 작품이다. 은유법과 의인법, 시각적·청각적 심상을 활용하여 대상을 생동감 있고 생생하게 표현하고 있다.

㉠밤하늘은

별들의 운동장

㉡오늘따라 별들 부산하게 바자닌다.*

㉢운동회를 벌였나

아득히 들리는 함성,

먼 곳에서 아슴푸레 빈 우레 소리 들리더니

㉣빗나간 야구공 하나

쨍그랑

유리창을 깨고

또르르 지구로 떨어져 구른다.

– 오세영, 「유성」

＊ **바자니다** '바장이다'의 옛말. 「1」 부질없이 짧은 거리를 오락가락 거닐다. 「2」 마음에 걸리는 것이 있어 머뭇머뭇하다.

 문제. 〈보기〉에 제시된 선생님의 질문에 대한 답을 쓰시오. [4점]

[보기]
선생님: 이 시는 밤하늘의 아름다운 모습과 유성의 생동감을 표현하기 위해 다양한 수사법을 활용하고 있습니다. 예컨대 ㉠에서는 '밤하늘'(원관념)을 '운동장'(보조 관념)에 빗대어 표현하고 있고, ㉣에서는 '유성'(원관념)을 '빗나간 야구공'(보조 관념)에 빗대어 표현하고 있지요. 또 ㉡에서는 별들이 부산하게 움직인다고 표현하고 있고, ㉢에서는 별들이 운동회를 벌였다고 표현하고 있습니다. 자, 그럼 ㉠, ㉣에 사용된 수사법과 ㉡, ㉢에 사용된 수사법을 각각 말해 볼까요?

• ㉠, ㉣에 사용된 수사법: _____

• ㉡, ㉢에 사용된 수사법: _____

유형 이해 문제에서 묻는 개념이나 용어를 쓰는 서술형 문항으로, 주로 문학 또는 문법 영역에서 출제된다. 시에서는 특정 구절에 사용된 표현 방법, 소설에서는 작품에 적용된 시점이나 갈래 특성과 관련된 문학 용어, 문법에서는 제시된 사례와 관련된 문법 개념을 묻는 경우가 많다. 개념이나 용어와 함께 그 효과나 기능까지 서술하라는 형태로 출제되기도 한다.

왜 틀리나? 관련 개념이나 용어 자체를 모르겠어요.

😎 답을 보고 나면 알던 개념이나 용어인데, 이상하게 시험 볼 때에는 생각이 나지 않아요.

해결 Tip 이와 같은 유형의 문제는 기본적인 개념 및 용어에 대한 지식이 머릿속에 있어야 한다. 교과서에 제시된 주요 핵심 개념 및 용어를 확실하게 기억하고, 다양한 사례에 적용하며 자신의 것으로 습득해 둘 필요가 있다. 이 유형에서는 **개념이나 용어를 정확하게 쓰는** 것이 중요하다. 그렇지 않으면 감점을 받거나 오답으로 처리될 수 있다.

☑ 채점하기

모범 답안
- ㉠, ㉣에 사용된 수사법: 은유법
- ㉡, ㉢에 사용된 수사법: 의인법

해설	이 시는 은유법과 의인법을 활용하여 밤하늘의 별과 유성의 모습을 감각적이고 생동감 있게 표현하고 있다.
채점 기준	• ㉠, ㉣에 사용된 수사법으로 "은유법"을 제시함. ⇒ 2점 • ㉡, ㉢에 사용된 수사법으로 "의인법"을 제시함. ⇒ 2점 • '은유법', '의인법' 외의 답안은 모두 오답으로 처리함.

[이러면 감점] 위의 채점 기준을 참고하여 아래 답안을 채점하고 **감점 받은 이유를** 써 보자.

답안 1	• ㉠, ㉣에 사용된 수사법: 직유법 • ㉡, ㉢에 사용된 수사법: 의인법	___점

→ 감점 이유는?

답안 2	• ㉠, ㉣에 사용된 수사법: 은유 표현 • ㉡, ㉢에 사용된 수사법: 의인화 표현	___점

→ 감점 이유는?

빈칸에 들어갈 말 쓰기

지문 개관

'인생'을 상징하는 '길'을 바탕으로 언제나 새로운 마음으로 인생을 살아가겠다는 다짐과 의지를 노래한 작품이다. 상징적인 소재의 사용, 1연과 5연의 수미상관 구조 등을 통해 말하고자 하는 바를 강조하고 있다.

내를 건너서 숲으로
고개를 넘어서 마을로

어제도 가고 오늘도 갈
나의 길 새로운 길

민들레가 피고 까치가 날고
아가씨가 지나고 바람이 일고

나의 길은 언제나 새로운 길
오늘도…… 내일도……

내를 건너서 숲으로
고개를 넘어서 마을로

— 윤동주, 「새로운 길」

 문제. 다음은 위 시에 나타난 화자의 상황과 태도를 정리한 것이다. 빈칸에 들어갈 말을 <u>모두</u> 찾아 쓰시오. [4점]

화자의 상황
• 숲과 마을을 향해 걸어감. • 길을 걸으며 (㉠)과/와 같은 다양한 대상을 만남.

→

화자의 태도
'인생'이라는 추상적 개념을 구체적 사물인 '(㉡)'(으)로 나타내어 언제나 새로운 마음으로 인생을 살아가겠다는 다짐과 의지를 드러냄.

• ㉠: _____

• ㉡: _____

유형 이해 문제에서 빈칸으로 제시된 부분을 채워 넣는 서술형 문항으로, 주로 중심 내용을 정리하거나 요약하는 형태로 제시된다. 단어만이 아니라 둘 이상의 단어가 모여 이루어진 구, 나아가 문장 형태로 써야 하는 경우도 있다. 지문 중간에 빈칸을 제시한 형태도 이 유형의 변형으로 볼 수 있다.

왜 틀리나?
👧 빈칸에 뭘 써야 할지 감을 못 잡겠어요.
👦 들어갈 내용은 잘 찾았는데, 기호나 순서에 맞게 쓰지 못했어요.

해결 Tip 이와 같은 유형의 문제는 보통 정리나 요약 형태를 취하기 때문에 답이 지문 안에 제시된 경우가 많다. 따라서 지문의 내용을 잘 살펴 핵심 단어를 찾아야 한다. 때로는 지문을 바탕으로 내용을 추론하여 정리해야 하는 경우도 있다. 이 유형에서는 **빈칸이 여러 개 제시되거나 순서대로 쓰라는 조건이 붙는 경우가 많으므로 기호나 순서에 맞게 답안을 썼는지 확인**하는 습관을 지녀야 한다.

 채점하기

| 모범 답안 | • ㉠: 민들레, 까치, 아가씨, 바람 |
| | • ㉡: 길 |

해설	화자는 길을 걷다 '민들레, 까치, 아가씨, 바람' 등을 만난다. 그리고 화자가 언제나 새로운 마음으로 걷고자 하는 '길'은 '인생, 삶' 등을 의미한다.
채점 기준	• ㉠에 들어갈 말로 "민들레, 까치, 아가씨, 바람"을 모두 제시함. ⇒ 2점 　－ 넷 가운데 2~3개만 맞게 쓴 경우 ⇒ 1점 • ㉡에 들어갈 말로 "길"을 제시함. ⇒ 2점 　－ '나의 길' 또는 '새로운 길'이라고 쓴 경우에는 오답으로 처리함.

[이러면 감점] 위의 채점 기준을 참고하여 아래 답안을 채점하고 **감점 받은 이유**를 써 보자.

답안 1	• ㉠: 민들레, 까치 • ㉡: 길	＿점

→ 감점 이유는?

답안 2	• ㉠: 민들레, 까치, 아가씨, 바람 • ㉡: 새로운 길	＿점

→ 감점 이유는?

해당 부분 찾아 쓰기

유형 03

지문 개관

산기슭에 자리한 마을을 배경으로, 식모살이를 하는 남이와 마을에 드나드는 엿장수 청년 사이의 애틋한 사랑 이야기를 다룬 작품이다. 엿과 고무신을 매개로 하여 남녀 간의 순수한 사랑을 서정적으로 그리고 있다. 자신의 의사와 상관없이 시집을 가야 하는 남이의 모습을 통해 1940년대 후반의 봉건적 결혼상을 엿볼 수 있다.

벌은 갑자기 남이 저고리 앞섶에 붙어 가슴패기로 기어오르고 있다.

이것을 조마조마 보고 있던 엿장수는, / "가, 가만……." / 하고는 한걸음에 뛰어들어, / "요놈의 벌이." / 하고 손바닥으로 벌을 딱 덮어 눌렀다.

옆에서 보기에도 민망스러운 순간이었다.

남이는 당황하면서도 귀 언저리를 붉히고 한 걸음 뒤로 물러서자 함께, 엿장수 손아귀에는 벌이 쥐어졌다. 쥐인 벌은 고스란히 있을 리가 없다. 한 번 잉 소리를 내고는 그만 손바닥을 쏘아 버렸다. 동시에 엿장수는, / "앗!" / 하고, 쥐었던 손을 펴 불며 앙감질을 하는 꼴이 남이는 어떻게나 우스웠던지 그만 손등으로 입을 가리고 킥킥 하고 웃어 버렸다. 엿장수는 반은 울상 반은 웃는 상 남이를 바라보는데, 남이의 송곳니가 무척 예뻐 보였다. 남이는 엿장수와 눈이 마주치자 무색해서 눈을 땅바닥으로 떨어뜨렸다. 살을 쏘아 버린 벌이 꽁무니에 흰 실 같은 것을 달고, 거추장스럽게 기어가고 있다. 남이의 시선을 따라온 엿장수 눈이 이것을 보자 그만 억센 발로, "엥이, 엥이, 엥이." / 하고 망깨 다지듯 짓밟고 물질러 자취도 없이 해 버리자 남이는 또 웃음이 나올 것만 같아 문을 밀고 안으로 들어가 버렸다.

엿장수는 무슨 발작이나 막 하고 난 사람처럼 맥이 없었다. 어깨와 두 팔을 축 늘어뜨리고 남이가 들어간 문 쪽을 한참 동안 멍하니 바라보고 나서야 비로소 어슬렁어슬렁 엿판께로 돌아왔다.

엿판가에는 아이들이 파리 떼처럼 붙어 있다. 보아하니 윤이는 아랫배에 두 손을 붙여 도사리고 앉아 엿을 노리고 있고, 영이는 서서 아이들과 어느 것이 굵으니 작으니 하며 태태거리고 있다. / 엿은 애들이 그새 얼마나 손질을 했기에 가루가 벗어지고 노르스름한 알몸이 드러난 것이 따끈한 봄볕에 쪼여 노그라질 대로 노그라졌다. 이런 엿은 누가 시험 삼아 입에 넣어 볼 양이면 단맛보다는 먼저 짭짤한 맛이리라.

엿장수는 아이들과 엿판을 번갈아 보다 말고 무슨 생각에선지 엿을 몇 가락 움켜쥐고는 가위로 때려 부수어 둘러선 아이들에게 한 동강이씩 선심을 쓰는데 그중에도 영이와 윤이는 제일 큰 것을 받았다.

엿장수는 한쪽 어깨에 비스듬히 엿판을 메고 연신 힐끗힐끗 철수네 집을 보아 가며 다음 마을로 건너갔다.

– 오영수, 「고무신」

 문제. 윗글에서 서술자가 작품에 직접 개입해 논평하고 있는 부분을 찾아 쓰시오. [4점]

문제에서 묻는 답에 해당하는 부분을 지문에서 찾아 쓰는 서술형 문항으로, 특정 단어나 구절, 문장 등 다양한 범주에서 출제된다. 때로는 해당 부분의 시작 부분과 끝부분의 일부만을 쓰라는 형태로 출제되기도 한다.

 🙁 해당하는 부분은 찾았는데, 제대로 옮겨 적지 못했어요.

🙁 어느 부분에서 어느 부분까지를 옮겨 써야 할지 모르겠어요.

 이와 같은 유형의 문제는 문제에서 요구하는 **답을 지문에서 찾아 해당 부분만 정확하게, 지문에 제시된 그대로 옮겨 쓰는** 것이 중요하다. 해당 부분을 잘 찾고서도 내용을 더하거나 빠뜨려, 또는 요약하여 감점을 받거나 오답으로 처리되는 경우가 많으므로 지문의 내용을 그대로 옮겨 썼는지 확인하는 습관을 지녀야 한다. 또 느낌표. 물음표 등의 문장 부호가 사용된 부분의 경우에는 문장 부호까지 제대로 옮겨 적는 것이 좋다.

☑ 채점하기

모범 답안	이런 엿은 누가 시험 삼아 입에 넣어 볼 양이면 단맛보다는 먼저 짭짤한 맛이리라.

해설	전지적 작가 시점의 작품에서는 서술자가 작품에 개입하여 인물이나 사건, 배경 등과 관련된 의견을 제시하는 경우가 있다. 이 작품에서도 "이런 엿은 ～ 짭짤한 맛이리라."에서 엿의 맛에 대한 서술자의 논평이 드러난다.
채점 기준	• 해당 부분으로 "이런 엿은 ～ 짭짤한 맛이리라."를 제시함. ⇒ 4점 　– 해당 부분을 그대로 옮겨 쓰지 않았으나 맥락이 통하는 경우 ⇒ 2점 • 모범 답안 이외의 부분까지 포함하여 쓴 경우에는 오답으로 처리함.

[이러면 감점] 위의 채점 기준을 참고하여 아래 답안을 채점하고 **감점 받은 이유**를 써 보자.

답안 1	이런 엿은 시험 삼아 입에 넣어 보면 단맛보다는 짭짤한 맛이리라.	＿＿점

→ 감점 이유는? ＿＿＿＿＿＿＿＿＿＿＿＿＿＿＿＿＿＿＿＿＿＿＿＿＿＿＿＿＿＿＿＿＿＿

답안 2	엿은 애들이 그새 ～ 짭짤한 맛이리라.	＿＿점

→ 감점 이유는? ＿＿＿＿＿＿＿＿＿＿＿＿＿＿＿＿＿＿＿＿＿＿＿＿＿＿＿＿＿＿＿＿＿＿

제한된 분량에 맞게 쓰기 ①

지문 개관

봉건적 윤리와 인간적 감정 사이에서 갈등하는 어머니와 그런 어머니를 연모하는 사랑손님 사이의 사랑과 이별 이야기를 다룬 작품이다. 여성의 재혼을 부정적으로 여기던 1930년대의 시대상을 배경으로, 통속적일 수 있는 이야기를 어린아이의 시선에서 순수하고 아름답게 전달하고 있다.

'오늘은 어머니를 좀 기쁘게 해 드려얄 텐데⋯⋯. 무엇을 갖다 드리문 기뻐할까?' 하고 생각했습니다. 그러자 문득 유치원 안에 선생님 책상 위에 놓여 있던 꽃병 생각이 났습니다. 그 꽃병에는 나는 이름도 모르나 곱고 빨간 꽃이 꽂히어 있었습니다. 그 꽃은 개나리도 아니고 진달래도 아니었습니다. 그런 꽃은 나도 잘 알고 또 그런 꽃은 벌써 피었다가 져 버린 후였습니다. 무슨 서양 꽃이려니 하고 나는 생각하였습니다. 나는 우리 어머니가 꽃을 사랑하는 줄을 잘 압니다. 그래서 그 꽃을 갖다가 드리면 어머니가 몹시 기뻐하려니 하고 생각하였습니다.

그래서 나는 도로 유치원 방 안으로 들어갔습니다. 마침 방 안에는 아무도 없었습니다. 선생님도 잠깐 어디를 가셨는지 보이지 않았습니다. 그래 나는 그 꽃을 두어 개 얼른 빼 들고 달음질쳐 나왔지요.

집에 오니 어머니는 문간에서 기다리고 있다가 나를 안고 들어왔습니다.

"그 꽃은 어디서 났니? 퍽 곱구나."

하고 어머니가 말씀하셨습니다. 그러나 나는 갑자기 말문이 막혔습니다. '이걸 엄마 드릴라구 유치원서 가져왔어.' 하고 말하기가 어째 몹시 부끄러운 생각이 들었습니다. 그래 잠깐 망설이다가,

"응, 이 꽃! 저, 사랑 아저씨가 엄마 갖다 주라구 줘." / 하고 불쑥 말했습니다. 그런 거짓말이 어디서 그렇게 툭 튀어나왔는지 나도 모르지요.

꽃을 들고 냄새를 맡고 있던 어머니는 내 말이 끝나기가 무섭게 무엇에 몹시 놀란 사람처럼 화다닥하였습니다. 그러고는 금시에 어머니 얼굴이 그 꽃보다도 더 빨갛게 되었습니다. 그 꽃을 든 어머니 손가락이 파르르 떠는 것을 나는 보았습니다. 어머니는 무슨 무서운 것을 생각하는 듯이 방 안을 휘 한번 둘러보시더니,

"옥희야, 그런 걸 받아 오문 안 돼."

하고 말하는 목소리는 몹시 떨렸습니다. 나는 꽃을 그렇게도 좋아하는 어머니가 이 꽃을 받고 그처럼 성을 낼 줄은 참으로 뜻밖이었습니다.

– 주요섭, 「사랑손님과 어머니」

 문제. 〈보기〉에서 설명하는 소재를 윗글에서 찾아 3어절로 쓰시오. [4점]

[보기]

이 작품에서 '이것'은 아저씨에 대한 어머니의 감정을 간접적으로 드러내며, 어머니의 내적 갈등을 고조시키는 역할을 한다.

유형 이해

문제에서 묻는 답을 제시된 글자 수 또는 띄어쓰기 단위에 맞게 쓰는 서술형 문항이다. 앞서 살펴본 〈유형 01〉~〈유형 03〉에 '음절' 또는 '어절'이라는 제한 조건이 붙어 출제되는 경우가 많은데, 이 경우 제시된 글자 수 또는 띄어쓰기 단위가 답을 찾는 실마리가 될 수 있다.

왜 틀리나?

😊 '음절', '어절'이라는 게 무슨 말인지 모르겠어요.

해결 Tip

이와 같은 유형의 문제는 제시된 조건, 즉 **제한된 글자 수 또는 띄어쓰기 단위에 맞춰 답안을 작성**하는 것이 중요하다. 정답과 같은 맥락의 내용이라도 글자 수나 띄어쓰기 단위가 틀린 경우 감점을 받거나 오답으로 처리될 수 있기 때문이다. 이 유형에서는 '음절', '어절'이라는 말이 자주 쓰이는데, 이 두 개념을 분명하게 알아두도록 한다. 특히 '어절'의 경우, 올바른 띄어쓰기 규범에 대한 지식이 있어야 하므로 평소 관련 지식을 잘 익혀 둘 필요가 있다.

> • 음절: 한 번에 소리 낼 수 있는 마디, 즉 하나하나의 글자를 뜻한다.
> • 어절: 문장을 구성하는 각각의 마디, 즉 띄어쓰기의 단위를 뜻한다.

☑ 채점하기

모범 답안	곱고 빨간 꽃
해설	"금시에 어머니 얼굴이 그 꽃보다도 더 빨갛게 되었습니다. 그 꽃을 든 어머니 손가락이 파르르 떠는 것을 나는 보았습니다."라는 구절로 볼 때, '나'가 가져온 '곱고 빨간 꽃'은 아저씨에 대한 어머니의 감정을 간접적으로 드러내는 동시에 어머니의 내적 갈등을 고조시키는 기능을 함을 알 수 있다.
채점 기준	• 해당 소재로 "곱고 빨간 꽃"을 제시함. ⇒ 4점 　– '꽃' 또는 '빨간 꽃'이라고 쓴 경우 ⇒ 2점

[이러면 감점] 위의 채점 기준을 참고하여 아래 답안을 채점하고 **감점 받은 이유**를 써 보자.

답안 1	꽃	＿점

→ 감점 이유는? _____

답안 2	빨간 꽃	＿점

→ 감점 이유는? _____

제한된 분량에 맞게 쓰기 ②

지문 개관

나비 수집에 열정적이던 한 소년이 친구의 나비를 도둑질하는 사건을 겪으면서 정신적으로 성숙해 가는 이야기를 다룬 작품이다. 친구의 나비를 훔칠 때의 내적 갈등, 이후의 심리 변화 등 작중 주인공인 '나'의 심리가 자세하게 드러나 있어 인물이 성장하는 모습을 구체적으로 지켜볼 수 있다.

나는 에밀을 찾아갔다. 그는 나를 만나자 곧 점박이에 관한 말을 꺼냈다. 누가 그랬는지 점박이를 아주 못 쓰게 만들어 놓았다고 하면서, 사람의 소행인지 혹은 고양이가 그랬는지 알 수 없는 일이라 하였다. 나는 그 나비를 좀 보여 달라고 청했다.

두 사람은 방으로 올라갔다. 그는 촛불을 켰다. 못 쓰게 된 그 나비가 날개판 위에 올려져 있었다. / 에밀이 그 날개를 손질하느라고 무척 고심한 흔적이 역력히 보였다. 그는 부서진 날개를 정성껏 주워 모아서 작은 압지 위에 펴 놓았다. 그러나, 그것은 도저히 본디 모양으로 바로잡힐 가망이 없었다. 촉각도 떨어진 그대로이다.

나는 그제서야 그것이 나의 소행인 것을 밝혔다. 그랬더니, 에밀은 격분한다거나 나를 큰소리로 꾸짖지 않고, 혀를 차며 한동안 나를 지켜보다가, 나직한 소리로 말하였다. / "알았어. 말하자면 너는 그런 자식이란 말이지."

나는 그에게 내 장난감을 모두 주겠다고 하였다. 그래도 그는 듣지 않고 냉담하게 도사리고 앉아, 여전히 나를 비웃는 눈으로 지켜보고만 있으므로, 이번에는 내가 수집한 나비의 전부를 주겠다고 하였다.

"뭐, 그렇게까지 하지 않아도 좋아. 나는 네가 모은 것이 어떤 것인지 잘 알고 있어. 게다가 오늘은 네가 나비를 다루는 성의가 어떻다는 것을 알 만큼은 알았어."

그 순간, 나는 녀석의 멱살을 움켜쥐고 늘어지고 싶었다. / 이제는 아무런 도리가 없음을 알았다. 나는 아주 나쁜 놈으로 결정이 나고 에밀은 천하에 정직한 사람이 되어, 냉정히 정의를 방패로 하고 모멸적인 태도로 내 앞에 버티는 것이다.

그는 욕설을 늘어놓지도 않았다. 다만 나를 바라보면서 경멸할 따름이었다. / 그때 나는 비로소, 한번 저지른 일은 어떻게 해도 바로잡을 도리가 없다는 것을 깨달았다.

나는 그 자리를 물러섰다. 경과를 물어보려고도 하지 않고, 나에게 키스만을 하고 내버려 두는 어머니가 고마웠다. 어머니는 나더러 그만 잠자리에 들라고 하였다. 여느 날보다는 시간이 늦어진 편이기는 하였다.

그러나 나는 그 전에 가만히 식당으로 가서, 갈색으로 된 두껍고 커다란 종이 상자를 찾아 가지고 와서 침대 위에 올려놓고, 어둠 속에서 뚜껑을 열었다.

그리고 ㉠그 속에 든 나비들을 하나하나 끄집어내어 손끝으로 비벼서 못 쓰게 가루를 내어 버렸다.

― 헤르만 헤세, 「나비」

 문제. '나'가 ㉠과 같이 행동한 까닭을 띄어쓰기를 포함하여 30자 내외로 서술하시오. [4점]

유형 이해   문제에서 묻는 답을 제시된 글자 수에 맞게 쓰는 서술형 문항이다. 이 유형에서 제시되는 글자 수는 출제자에 따라 띄어쓰기를 포함하기도 하고 포함하지 않기도 하므로 발문이나 조건에서 띄어쓰기 포함 여부를 확인하고, 글자 수 계산 시 이를 고려하여 답안을 작성해야 한다.

 왜 틀리나?   👓 '이내', '내외'의 차이가 헷갈려요.

😊 글자 수를 맞추려니 문장을 쓰기가 어려워요.

 해결 Tip   이와 같은 유형의 문제는 글자 수를 한눈에 확인하기 어렵기 때문에 제시된 분량에 맞게 답안을 쓰는 데 어려움을 겪을 수 있다. 따라서 글자 수를 계산하면서 쓰기보다는 먼저 **핵심 단어를 중심으로 자유롭게 답안을 쓰고 난 뒤, 제한된 글자 수 분량에 맞춰 답안의 내용을 덜어 내거나 더하는** 것이 효과적이다. 이 유형에서 자주 사용되는 말로 '이내', '내외'가 있는데, 이 두 개념을 분명하게 알아두도록 한다.

> - 이내: 일정한 범위나 한도의 안. 제시된 수보다 적은 수로, 보통 −10% 정도까지를 뜻한다.
> - 내외: 일정한 범위의 안팎. 보통 제시된 수에서 ±10% 정도를 뜻한다.

 채점하기

모범 답안	나비를 훔친 것에 부끄러움과 자책감을 느꼈기 때문이다.

해설	'나'가 집에 돌아와 그동안 수집한 나비를 모두 가루로 만든 것은 에밀의 나비를 훔친 것에 대해 부끄러움과 자책감을 느껴서이다.
채점 기준	• ㉠의 이유를 "부끄러움, 자책"의 맥락에서 씀. ⇒ 4점 • 30자 내외(27~33자)로 쓰지 못한 경우 ⇒ −1점

[이러면 감점] 위의 채점 기준을 참고하여 아래 답안을 채점하고 **감점 받은 이유**를 써 보자.

답안 1	'나'를 경멸하는 에밀의 태도에 화가 났기 때문이다.	___점

→ 감점 이유는?

답안 2	'나'가 에밀의 나비를 훔친 일로 한번 저지른 일은 바로잡을 수 없음을 깨닫고 부끄러움과 자책감을 느꼈기 때문이다.	___점

→ 감점 이유는?

제한된 형식에 맞게 쓰기 ①

지문 개관

몸이 불편한 글쓴이가 세상을 긍정적으로 바라보게 된 어린 시절의 경험을 담은 글이다. 어릴 때 앓은 소아마비로 몸이 불편한 글쓴이를 위해 역할을 만들어 주며 함께했던 친구들의 배려, 깨엿 장수 아저씨에게서 들은 "괜찮아."라는 말을 통해 타인을 이해하고 배려하며 격려하는 자세의 중요성과 소중함을 전하고 있다.

초등학교 때 우리 집은 서울 동대문구 제기동에 있는 작은 한옥이었다. 골목 안에는 고만고만한 한옥 여섯 채가 서로 마주 보고 있었다. 그때만 해도 한 집에 아이가 보통 네댓은 됐으므로 골목길 안에만도 초등학교 다니는 아이가 줄잡아 열 명이 넘었다. 학교가 파할 때쯤 되면 골목은 시끌벅적, 아이들의 놀이터가 되었다.

어머니는 내가 집에서 책만 읽는 것을 싫어하셨다. 그래서 방과 후 골목길에 아이들이 모일 때쯤이면 대문 앞 계단에 작은 방석을 깔고 나를 거기에 앉히셨다. 아이들이 노는 걸 구경이라도 하라는 뜻이었다.

딱히 놀이 기구가 없던 그때, 친구들은 대부분 술래잡기, 사방치기, 공기놀이, 고무줄놀이 등을 하고 놀았지만 나는 공기놀이 외에는 그 어떤 놀이에도 참여할 수 없었다. 하지만 골목 안 친구들은 나를 위해 꼭 무언가 역할을 만들어 주었다. 고무줄놀이나 달리기를 하면 내게 심판을 시키거나 신발주머니와 책가방을 맡겼다. 그뿐인가. 술래잡기를 할 때는 한곳에 앉아 있어야 하는 내가 답답해할까 봐 어디에 숨을지 미리 말해 주고 숨는 친구도 있었다.

우리 집은 골목에서 중앙이 아니라 모퉁이 쪽이었는데 내가 앉아 있는 계단 앞이 늘 친구들의 놀이 무대였다. 놀이에 참여하지 못해도 난 전혀 소외감이나 박탈감을 느끼지 않았다. 아니, 지금 생각하면 내가 소외감을 느낄까 봐 친구들이 배려해 준 것이었다.

그 골목길에서의 일이다. 초등학교 1학년 때였던 것 같다. 하루는 우리 반이 좀 일찍 끝나서 나 혼자 집 앞에 앉아 있었다. 그런데 그때 마침 골목을 지나던 깨엿 장수가 있었다. 그 아저씨는 가위를 쩔렁이며, 목발을 옆에 두고 대문 앞에 앉아 있는 나를 흘낏 보고는 그냥 지나쳐 갔다. 그러더니 손수레를 두고 다시 돌아와 내게 깨엿 두 개를 내밀었다. 순간 아저씨와 내 눈이 마주쳤다. 아저씨는 아무 말도 하지 않고 아주 잠깐 미소를 지어 보이며 말했다.

"괜찮아." / 무엇이 괜찮다는 건지 몰랐다. 돈 없이 깨엿을 공짜로 받아도 괜찮다는 것인지, 아니면 목발을 짚고 살아도 괜찮다는 말인지……. 하지만 그건 중요하지 않다. 중요한 것은 내가 그날 마음을 정했다는 것이다. ㉠이 세상은 그런대로 살 만한 곳이라고, 좋은 친구들이 있고 선의와 사랑이 있고, '괜찮아'라는 말처럼 용서와 너그러움이 있는 곳이라고 믿기 시작했다는 것이다.

— 장영희, 「괜찮아」

 글쓴이가 ㉠과 같이 생각하게 된 까닭 두 가지를 한 문장으로 서술하시오. [4점]

유형 이해 문제에서 묻는 답을 문장 형식으로 쓰는 서술형 문항으로, 주로 '한 문장'으로 쓸 것을 요구하는 경우가 많다. 서술형 문항에서 가장 많이 출제되는 기본 형태로, 분량·형식·내용 등에서 추가적인 조건이 제시되는 경우가 많으므로 이를 잘 살펴야 한다.

왜 틀리나? 대략의 내용은 알겠는데 문장 형식으로 쓰기가 어려워요.
문장으로 쓰기는 했는데, 왠지 모르게 문장이 어색한 것 같아요.

해결 Tip 이와 같은 유형의 문제는 핵심어를 잘 찾거나 떠올리고도 이를 문장 형식으로 제대로 표현하지 못해 어려움을 겪는 경우가 많다. 평소 **핵심어를 중심으로 주어와 서술어를 갖추어 문장을 쓰는 연습**을 해 두는 것이 좋다. 서술형 문항에서는 원인 또는 결과를 정리하거나, 어떤 대상을 비교·대조하라는 문제가 자주 출제되는데, 이들은 기본적으로 다음의 문장 형식을 갖추는 것이 좋다.

- 원인·결과: "～ 때문에 ～하게 되었다." 또는 "～하게 된 것은 ～했기 때문이다."
- 비교·대조: "～은 ～하고(하지만), ～은 ～하다."

☑ 채점하기

모범 답안 친구들이 글쓴이를 배려하여 역할을 만들어 주었고, 깨엿 장수 아저씨가 위로와 용기를 주는 말을 해 주었기 때문이다.

해설	친구들은 몸이 불편한 글쓴이를 배려하여 놀이를 할 때마다 역할을 만들어 주었고, 깨엿 장수 아저씨는 위로와 용기가 담긴 "괜찮아."라는 말을 해 주었다.
채점 기준	• "친구들의 배려", "위로와 용기가 담긴 아저씨의 말"을 언급함. ⇒ 4점(각 2점) • 완결된 한 문장으로 쓰지 못한 경우 ⇒ −1점

[이러면 감점] 위의 채점 기준을 참고하여 아래 답안을 채점하고 **감점 받은 이유**를 써 보자.

답안 1	깨엿 장수 아저씨의 "괜찮아."라는 말에서 위로와 용기, 희망을 얻었기 때문이다.	___점

→ 감점 이유는?

답안 2	친구들의 배려, 그리고 위로와 용기를 준 깨엿 장수 아저씨의 "괜찮아."라는 말	___점

→ 감점 이유는?

제한된 형식에 맞게 쓰기 ②

지문 개관

노는 것을 좋아하는 수일이가 공부를 열심히 하기를 바라는 엄마와 갈등하다 쥐에게 손톱을 먹여 또 다른 수일이를 만들어 내고, 이 가짜 수일이 때문에 고난을 겪으며 가족의 소중함을 깨닫는 이야기를 다룬 작품이다. 학교와 학원으로 쉴 새 없이 바쁜 아이들의 일상에, 집주인이 함부로 버린 손톱이나 발톱을 오랫동안 주워 먹고 주인으로 둔갑한 쥐를 물리친다는 내용의 우리 옛이야기 「쥐둔갑 설화」를 결합하여 흥미진진하게 이야기를 풀어 나가고 있다.

가 수일 (화가 난 얼굴로) 이게 뭐예요! 학원 쉬는데, 저만 바보 됐잖아요.

아빠 (수일이 어깨를 다독이며) 수일아, 아빠가 깜박한 거야. 미안해.

수일 (엄마를 보며) 제가 엄마 때문에 못살아요!

엄마 그게 왜 엄마 때문이야. 평소에 네가 학원에 잘 갔으면 이런 일이 왜 생겨?

수일 해도 해도 너무해요. 학원 가라! 공부해라! 그리고 제가 컴퓨터를 하면 얼마나 한다고 컴퓨터 선은 뽑고 그래요?

엄마 (말을 얼버무리며) 그, 그건. (다시 목소리를 높인다.) 하라는 공부는 안 하고 허구한 날 컴퓨터 게임이지. 넌 도대체 잘하는 게 뭐니?

아빠 (엄마를 다독이며) 여보! 그만 좀 해요. 그러다가 몸 상하겠어요. 그리고 수일이 너무 나무라지 맙시다. (수일이를 다독이며) 수일아, 엄마가 다 너 잘되라고 그러는 거야. 엄마 마음도 좀 헤아려 주렴.

[A]
├─ 수일 (풀이 조금 죽은 목소리로) 제가 왜 잘하는 게 없어요. 우리 반에서 제가 제일 축구를 잘하고요…….
│ 엄마 축구가 밥 먹여 줘? / 수일 축구 선수 돼서 돈 많이 벌면 되잖아요.
│ 엄마 축구 선수가 되는 것은 쉽니? / 수일 엄마는 아들을 그렇게 못 믿어요?
│ 엄마 옆집 정우는 수학 시험 백 점 맞았다더라.
└─ 수일 아, 진짜 엄마는 해도 해도 너무해요.

나 수일 쳇! 나만 갖고 그래. (한숨을 쉬며 소파에 앉는다.) 어디 나하고 똑같은 놈 없나? 하기 싫은 건 다 그놈 시키고, 나는 매일 놀기만 할 텐데.

수진 오빠는 그런 것도 몰라? 손톱 먹은 들쥐한테 시키면 되잖아.

수일 뭐? 손톱 먹은 들쥐? 그게 무슨 말이야?

수진 옛날이야기 중에 들쥐가 사람 손톱을 먹고 그 손톱 주인과 똑같은 사람이 된 이야기가 있어. 그래서 가짜랑 진짜가…….

－ 김우경 원작, 광대 각색, 「수일이와 수일이」

 수일이의 입장에서, 수일이와 엄마가 갈등하는 까닭 두 가지를 [A]를 바탕으로 서술하시오.
[4점]

（조건）
• "엄마가 ∼하지 않고, ∼하기 때문이다."의 형식으로 쓸 것.

유형 이해 문제에서 묻는 답을 특정한 문장 구조에 맞춰 쓰는 서술형 문항이다. 보통 '조건' 박스를 통해 답안에서 작성해야 할 문장 전체의 형식을 제시하는 경우가 많다. 겉으로는 다소 복잡해 보이지만 〈유형 06〉의 '한 문장'이 갖춰야 할 구체적인 문장 구조를 제시하고 있어 조금만 신경 쓰면 좀 더 편하게 답안을 쓸 수 있는 유형이다.

왜 틀리나? 빈칸이나 '~' 부분에 들어갈 내용을 제시된 문장 형식과 어울리게 쓰지 못하겠어요.

해결 Tip 이와 같은 유형의 문제는 문장의 전체 구조, 즉 주어나 서술어, 중간 부분에 들어갈 말 등이 제시되는 경우가 많기 때문에 이를 참고하여 **빈칸이나 '~' 부분에 들어갈 내용을 자유롭게 메모한 뒤, 제시된 문장 구조에 맞춰 문장을 다듬어 나가는** 것이 효과적이다. 특히 이 유형에서 '주어'가 제시될 때에는 이 주어와 관련된 내용을 중심으로 지문을 살펴보는 것이 문제 해결에 도움이 된다.

☑ 채점하기

모범 답안	엄마가 수일이의 생각을 존중하지 않고, 공부만 중요시하기 때문이다.
해설	[A]에서 수일이는 자신이 축구를 잘한다고 말하지만, 엄마는 이를 무시하며 시험 성적으로 수일이와 다른 아이를 비교하고 있다. 이에 수일이는 자신의 생각을 존중하지 않고 공부만 중요시하는 엄마가 너무하다고 여기고 있다.
채점 기준	• 수일이와 엄마의 갈등 이유를 "엄마가 수일이를 존중하지 않는다.", "엄마가 공부만 중요시한다."라는 맥락에서 서술함. ⇒ 4점(각 2점) • 제시된 문장 형식에 맞게 서술하지 않은 경우 ⇒ -1점

[이러면 감점] 위의 채점 기준을 참고하여 아래 답안을 채점하고 **감점 받은 이유**를 써 보자.

답안 1	엄마가 공부만 중요시하기 때문이다.	___점

→ 감점 이유는? _____

답안 2	수일이가 자신을 무시하고 공부만 중요시하는 엄마에게 서운함을 느꼈기 때문이다.	___점

→ 감점 이유는? _____

제한된 형식에 맞게 쓰기 ③

지문 개관

오랫동안 인류를 괴롭혀 왔던 모기를 퇴치하는 방법에 대해 설명한 글이다. 애벌레 시기에 박멸하거나 집으로의 침입을 차단하거나 살충 성분을 이용하는 등의 고전적인 방법, 모기가 좋아하는 것을 제거하거나 싫어하는 것을 활용하는 최근의 방법 등 모기의 습성을 바탕으로 한 다양한 모기 퇴치법을 제시하고 있다.

가 가장 좋은 모기 퇴치법은 애벌레 시기에 박멸하는 것이다. 모기의 활동 반경은 대개 1킬로미터 이내이다. 모기가 많이 발생하는 지역에서는 이를 토대로 모기의 서식지를 찾아 방역 활동을 한다. 가정에서는 물에 사는 애벌레가 서식하지 못하도록 주변의 웅덩이를 없애고 개수대와 욕실 등에 물이 고여 있지 않도록 하는 것이 좋다.

어른벌레가 된 모기를 퇴치하는 최선의 방법은 바깥에서 집으로 들어오는 모기를 차단하는 것이다. 모기는 2밀리미터 정도의 구멍까지 몸을 비틀어 쉽게 뚫고 들어온다. 오래되어 틈이 벌어진 방충망은 이러한 모기의 침입을 당해 낼 수 없기 때문에 반드시 교체해야 한다. / 집으로 들어온 모기를 퇴치하는 일반적인 방법은 살충 성분을 사용하는 것이다. 우리가 흔히 사용하는 살충제에는 '피레트린'이라는 살충 성분이 들어 있다. 피레트린은 곤충의 정상적인 신경 작용을 방해하여 곤충의 근육을 수축시키고 다시 펴지지 않게 마비시킨다. 날아가는 모기에 살충제를 뿌리면 몸을 떨면서 땅에 떨어지는 것은 이 때문이다.

나 살충제와 같은 화학 약품을 사용하는 것이 꺼려진다면 최근에 주목받고 있는 모기 퇴치법을 활용할 수 있다. 먼저 모기가 좋아하는 것을 제거하여 모기를 퇴치할 수 있다. 주변에 보면 모기에 유독 잘 물리는 사람이 있다. 바로 모기가 좋아하는 것을 두루 갖춘 사람이다. 모기는 열과 이산화 탄소와 냄새에 끌린다. 따라서 열이 많고 땀을 많이 흘리면서 호흡을 가쁘게 쉬는 사람이 모기에 잘 물린다. 선탠오일과 같은 화장품의 냄새도 모기가 좋아하는 것으로, 모기는 20미터 밖에서도 냄새를 맡고 접근한다고 한다. 따라서 몸을 깨끗하게 씻고 호흡을 천천히 하면 모기에 물릴 확률을 줄일 수 있다. / 모기가 싫어하는 것을 활용하여 모기를 퇴치할 수도 있다. 사람의 피를 빠는 모기는 짝짓기가 끝나고 알을 낳기 위해 동물성 단백질이 필요한 암컷 모기이다. 알을 낳을 시기의 암컷 모기는 수컷 모기를 피해 다니기 때문에 수컷 모기의 날갯짓 소리를 기피한다. 따라서 수컷 모기가 내는 소리 대역과 같은 초음파를 이용하면 피를 빨아 먹으려는 암컷 모기의 공격을 피할 수 있다.

– 김정훈, 「인류의 오랜 적, 모기」

 문제. 글쓴이가 이 글을 쓴 목적을 〈조건〉에 맞게 구체적으로 서술하시오. [4점]

〈조건〉
• '글쓴이는'을 주어로 하는 한 문장으로 쓸 것.

유형 이해　　문제에서 묻는 답을 특정한 어두(주로 주어) 또는 종결 어미 등에 맞춰 쓰는 서술형 문항이다. 앞서 살펴본 〈유형 07〉이 문장 전체의 구조를 제시한다면, 이 유형은 그 가운데 일부만을 제시하는 것이라고 이해할 수 있다. 〈유형 04〉에서 살펴본 특정 어절 수나 〈유형 05〉에서 살펴본 글자 수 등의 분량 제한 조건이 추가되어 출제되기도 한다.

왜 틀리나?　　🙂 제시된 어두에 맞춰 어떻게 끝맺어야 할지 모르겠어요.

　　　　🙂 제시된 종결 형태에 어울리도록 내용을 자연스럽게 연결하기가 어려워요.

해결 Tip　　이와 같은 유형의 문제는 어두의 경우 문장의 주어를, 종결 어미의 경우 구체적인 종결 형태를 제시하는 경우가 많다. 이 유형은 〈유형 07〉과 마찬가지로 **제시된 어두 및 종결 어미의 앞이나 뒤에 들어갈 내용을 먼저 정리한 뒤, 제시된 형식에 맞춰 답안을 다듬어 나가는** 것이 효과적이다. 특히 어두 또는 종결 어미만 제시되어 있기 때문에 **주어와 서술어, 부사어, 조사 등을 중심으로 호응이 맞는지를 잘 살펴야** 한다.

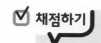 **채점하기**

모범 답안　글쓴이는 모기를 퇴치하는 방법에 대한 정보를 전달하기 위해서 이 글을 썼다.

해설	이 글에는 모기를 퇴치하는 고전적인 방법과 최근의 방법이 다양하게 제시되어 있다.
채점 기준	• 글을 쓴 목적을 "모기 퇴치에 관한 정보 전달" 맥락에서 서술함. ⇒ 4점 • '글쓴이는'을 주어로 하는 한 문장으로 쓰지 않은 경우 ⇒ −1점 • 문장의 호응이 어색한 경우 ⇒ −1점

[이러면 감점] 위의 채점 기준을 참고하여 아래 답안을 채점하고 **감점 받은 이유**를 써 보자.

답안 1	글쓴이는 모기 퇴치법에 대한 정보를 전달하려는 목적이다.	＿＿점

→ 감점 이유는?

답안 2	모기를 퇴치하는 방법에 대한 정보를 전달하기 위해서이다.	＿＿점

→ 감점 이유는?

제한된 내용에 맞게 쓰기 ①

지문 개관

좀 더 건강한 사회로 나아가기 위해 다양성을 확보해야 함을 주장한 글이다. 자연 생태계와 인간 사회를 연결 지어 다양성 확보의 필요성을 제기하고, 자원과 에너지의 효율적인 사용, 집단의 생존을 위해 많은 비용이 들더라도 다양성을 확보하기 위한 노력이 필요하다는 것을 강조하고 있다.

언젠가부터 우리 바닷속에 해파리나 불가사리와 같이 특정한 종들만이 번창하고 있다는 우려의 목소리가 들린다. 한마디로 다양성이 크게 줄었다는 것이다. 척박한 환경에서는 몇몇 특별한 종만 세력을 얻는다는 점에서 자연 생태계와 우리 사회는 많이 닮아 있다. 우리 사회 역시 경제 상황의 악화가 특정 집단이나 개인에게는 새로운 기회가 되기도 한다. 그러나 이는 건강한 사회를 위해 그다지 바람직한 현상이 아니다. 왜냐하면 몇몇 집단만 존재하는 세계에서 이들이 쓰다 남은 물자와 이용하지 못한 에너지는 고스란히 버려질 수밖에 없고, 이는 자원과 에너지 사용 측면에서 비효율적이기 때문이다. 그러므로 자원을 효율적으로 사용하기 위해서라도 다양성은 확보되어야 한다.

또한 다양성은 집단의 생존에도 중요한 역할을 한다. 우리는 조류 독감이 발생할 때마다 해당 양계장은 물론 그 주변 양계장의 닭까지 모조리 폐사시키는 참혹한 현실을 보게 된다. 단 한 마리의 닭이 병에 걸려도 그렇게 많은 닭들을 죽여야 하는 이유는 인공적인 교배로 인해 모든 닭들이 똑같은 유전자를 가졌기 때문이다. 그래서 어느 생물학자는 재앙의 확산을 막고 피해를 줄이기 위해 평소에 닭들을 서로 교환하여 교배함으로써 다양한 유전 형질을 확보해야 한다고 말한다.

인간 사회에서도 다양성을 확보하여 경쟁 사회에서 살아남는 사례들을 접할 수 있다. 최근 우리나라의 주요 기업들은 '다양성'을 기업 문화로 강조하며, 여러 가지 다양한 경험을 쌓은 인재들을 모으고 있다. 이러한 인재들이 모여서 서로의 경험과 생각을 공유하면 소비자들의 다양한 요구와 시장의 변화를 빠르게 파악할 수 있으며, 이는 곧 기업의 성공을 뒷받침하는 토대가 된다. 이렇듯 다양성은 인간 사회에서도 집단의 생존에 중요한 역할을 한다.

– 이상묵, 「건강 사회를 만드는 다양성」

 문제. **건강한 사회를 위해 다양성이 확보되어야 하는 까닭을 〈조건〉에 맞게 서술하시오. [4점]**

〈조건〉
- '자원', '생존'이라는 단어를 모두 포함하여 쓸 것.
- 한 문장으로 쓸 것.

유형 이해　문제에서 묻는 답을 제시된 특정 단어를 포함하여 쓰는 서술형 문항으로, 하나의 단어만 제시될 때도 있고, 둘 이상의 단어가 제시될 때도 있다.

 왜 틀리나?

　　😀 제시된 단어를 어느 부분에 넣어야 할지 모르겠어요.

　　🧑 둘 이상의 단어가 나오면 내용이 많아져서 어떻게 연결해야 할지 모르겠어요.

 해결 Tip　이와 같은 유형의 문제는 제시된 단어가 답안에서의 핵심어라고 할 수 있다. 따라서 **제시된 단어와 관련된 내용을 주어나 목적어, 서술어 등 적절한 위치에 배치하며 자연스러운 형태로 문장을 다듬어 나가는** 것이 효과적이다. 둘 이상의 단어가 제시되는 경우에는 이들 단어가 특별한 의미 관계(인과, 대조, 상하, 대등(병렬) 등)에 놓이는 경우가 많으므로, 이를 잘 살펴야 자연스럽게 내용을 배열할 수 있다.

 ☑ 채점하기

모범 답안　다양성은 자원을 효율적으로 사용하게 하고, 집단의 생존에도 중요한 역할을 하기 때문이다.

해설	1문단에서 자원을 효율적으로 사용하기 위해 다양성이 확보되어야 한다고 하였으며, 2~3문단에서 다양성은 집단의 생존에 중요한 역할을 한다고 하였다.
채점 기준	• 다양한 확보의 이유를 "자원의 효율적 사용", "집단의 생존"의 맥락에서 서술함. ⇒ 4점(각 2점) • '자원', '생존'이라는 단어를 포함하지 않은 경우 ⇒ 각 −1점 • 완결된 한 문장으로 쓰지 못한 경우 ⇒ −1점

[이러면 감점] 위의 채점 기준을 참고하여 아래 답안을 채점하고 **감점 받은 이유**를 써 보자.

답안 1	다양성은 자원을 효율적으로 사용하게 할 뿐만 아니라, 인간 사회의 존속에도 중요한 역할을 하기 때문이다.	＿점

→ 감점 이유는?

답안 2	다양성은 물자와 에너지를 효율적으로 사용할 수 있게 하고, 집단의 생존에도 중요한 역할을 담당하기 때문에	＿점

→ 감점 이유는?

제한된 내용에 맞게 쓰기 ②

지문 개관

우리 전통 가옥인 한옥에 대해 설명한 글이다. 한옥과 관련된 여러 정보를 분석, 열거, 예시 등 다양한 설명 방법을 활용하여 알기 쉽게 전달함으로써 우리의 역사와 문화를 담고 있는 한옥에 대한 관심을 유도하고 있다.

한옥의 특징을 자세히 짚어 보자. / 첫째, 한옥은 기단이 높다. 습기가 많지 않은 기후라 하더라도 집이 땅에 가깝게 자리하면 습기가 올라오기 마련이다. 여름철이면 더 심해서 눅눅하기 짝이 없다. 한옥은 움집을 땅 위로 드러낸 다음 차츰 바닥을 높이면서 집을 땅에서 떨어뜨리는 방법을 취하였다. 기단이라고 부르는 댓돌을 여러 겹 쌓아 높게 만들고, 그 위에 기둥 밑에 괴는 주춧돌을 놓아 집을 짓는 것이다. 그럼으로써 땅의 습기를 줄여 쾌적하게 살 수 있게 했다.

둘째, 한옥은 처마가 깊다. 깊은 처마는 여름철에 태양이 높게 떴을 때 차양이 되어 뙤약볕을 가린다. 그늘이 져서 시원하다. 큰 나무 그늘이나 마찬가지인 셈이다. 겨울철에는 낮게 뜬 태양 볕이 방 안 깊숙이 들어 집 안이 따뜻해진다. 따뜻한 공기가 찬 바람에 밀려 위로 빠져나가다가도 깊은 처마에 걸리고 서까래가 앞을 가로막아 오래 머물게 되어 그만큼 집 안은 따뜻해진다.

셋째, 한옥은 구들을 드려 난방을 한다. 구들의 구조는 크게 불을 때는 곳인 아궁이, 열기가 지나가는 통로인 고래, 그리고 연기가 밖으로 나가는 굴뚝으로 나뉜다. 한옥의 구들은 여러 면에서 매우 뛰어난 장점이 있는 난방 시설이다. 구들은 장작을 잠시만 때도 열이 오래도록 지속되며, 방 밖의 아궁이에서 불을 피우는 것이어서 연기가 자욱하거나 재가 날릴 염려가 없고 화재의 위험에서도 안전하다.

넷째, 한옥은 개성 있는 굴뚝이 많다. 고장에 따라 여러 굴뚝이 있어서 그것만 분류해도 꽤 다양하다. 이웃 나라에서는 굴뚝을 보기가 어렵고, 있다고 해도 아주 간단하다. 하지만 우리 굴뚝은 국가 보물로 지정된 것이 있을 정도이다.

이러한 특징을 지닌 한옥의 장점은 무엇보다도 자연 친화적이라는 점이다. 한옥은 짓는 터전을 훼손하지 않으며, 터가 생긴 대로 약간만 손질하면 집을 지을 수 있다. 또한 한옥을 짓는 데 사용되는 천연 건축 자재는 공해를 일으키지 않는다. 아토피성 피부염 등의 현대 질병에 한옥이 좋은 이유가 여기에 있다. 재활용이 가능한 것도 한옥의 장점이다. 예를 들어 수명이 다한 집을 헐어 내어 자재를 폐기하면 흙이나 거름이 되고, 땔나무 등으로 다시 쓸 수도 있다.

— 신영훈, 「한옥의 이해」

 이 글을 통해 알 수 있는 한옥의 장점을 〈조건〉에 맞게 서술하시오. [4점]

(조건)
• '자연 친화적' 측면에서의 장점 두 가지를 밝힐 것.

문제에서 묻는 답을 제시된 내용에 초점을 두어 쓰는 서술형 문항이다. 여러 답이 나올 수 있는 문제에서 특정한 관점 또는 측면에 한정하여 답안을 쓰도록 할 때 출제되는 문항으로, 보통 "~의 측면에서, ~의 입장에서"라는 표현으로 조건이 제시되는 경우가 많다.

 🧑‍🦰 맞는 내용이지만 초점이 맞지 않았다고 해요.

👩‍🦱 제한된 내용으로 쓰려니 지문을 어떻게 분석해야 할지 모르겠어요.

 이와 같은 유형의 문제는 **제시된 내용에 한정하여 답안을 쓰는** 것이 가장 중요하다. 답안의 내용 자체가 옳더라도 제시된 조건에 맞는 내용으로 답안을 작성하지 않으면 오답이 되기 때문이다. 따라서 이 유형에서는 조건으로 제시된 내용과 관련된 부분을 중점적으로 살피는 것이 중요하다.

 채점하기

모범 답안 한옥은 자연을 훼손하지 않으며, 공해를 일으키지 않는다는 장점이 있다.

해설	마지막 문단에서 한옥은 자연 친화적이어서 자연을 훼손하지 않으며, 공해를 일으키지 않는다는 장점을 구체적인 예를 들어 설명하고 있다.
채점 기준	• 한옥의 장점을 "자연을 훼손하지 않는다.", "공해를 일으키지 않는다."라는 맥락에서 서술함. ⇒ 4점(각 2점) – "터가 생긴 대로 약간만 손질하면 집을 지을 수 있다.", "아토피성 피부염 등의 현대 질병에 좋다." 등 모범 답안의 맥락에 해당하는 예시를 제시한 경우에도 정답으로 인정함. • '높은 기단, 깊은 처마, 구들 난방, 개성 있는 굴뚝' 등 한옥의 장점과 관련되나 자연 친화적 측면과 관련이 없는 내용으로 서술한 경우에는 오답으로 처리함.

[이러면 감점] 위의 채점 기준을 참고하여 아래 답안을 채점하고 **감점 받은 이유**를 써 보자.

답안 1	한옥은 여름에 쾌적하고 겨울에 따뜻해 살기에 편하다.	__점

→ 감점 이유는?

답안 2	한옥은 천연 건축 자재를 사용하여 공해를 일으키지 않는다.	__점

→ 감점 이유는?

자기 생각 쓰기

지문 개관

빛의 과잉 사용으로 발생하는 문제점을 여러 측면에서 짚어 보고, 예산 절감과 어두운 밤의 회복, 환경과 생태계 보호를 위해 밤에 불필요한 빛(조명)의 사용을 줄일 것을 주장한 글이다.

가 무질서한 조명으로 빛의 쓰레기가 날이 갈수록 증가하고 있지만, 우리는 이에 대한 뚜렷한 대책이 없는 것은 물론, 그 심각성조차 인식하지 못하고 있다. 대부분의 도시에서는 맑은 날에도 별을 보기 힘들다. 일등성과 행성들만 어쩌다 눈에 띄는 정도다. 밤낮을 구분할 수 없을 정도로 화려한 네온 광고와 하늘로 향한 조명등 때문에 은하수와 별은커녕 하늘의 존재마저도 느끼기 어렵다.

그뿐만이 아니다. 한국의 시골도 어디를 가나 빛의 과잉 상태이다. 인가가 없는 깊은 산속이라면 모를까 칠흑 같은 밤이란 없다. 가로등은 말할 것도 없고 오가는 자동차의 전조등, 인근 거리의 네온 광고 불빛들이 밤의 안식을 앗아 간다. 가로등 밑이나 도로변의 농작물이 제대로 자라지 못하는 것도 이 때문이다. [중략]

그렇다면 이러한 조명이 인간에게 미치는 영향은 어떠할까. 밝은 조명이 전혀 없는 어두운 곳에서 잠을 자는 실험을 했더니, 대부분의 사람들이 오히려 잠을 제대로 이루지 못했다고 한다. 이것은 어둠 속에서 평온하게 자던 인간의 본능이 그간의 빛의 공해 때문에 왜곡되고, 생태 교란으로 병들었다는 것을 보여 주는 증거라고 할 수 있다. / 인간은 오랜 세월 태양의 움직임에 따라 신체 조건을 맞추어 왔다. 그러나 밤에도 빛을 이용해 보겠다는 욕구가 관솔불, 등잔불, 가스 불, 전등을 만들어 냈고, 이에 따라 밤에 이루어지는 인간의 활동이 점점 많아졌다. 그 덕분에 인류는 문명과 문화를 발전시킬 수 있었다. 그러나 그 대신 사람들은 잠을 빼앗겼고, 생물들은 생체 리듬을 잃었다. 인공의 빛을 과잉 생산하고 낭비하면서 이러한 부작용이 생겨나게 된 것이다. [중략]

최근 미국의 '국제 캄캄한 밤 협회' 등 많은 단체들이 회의를 열었다고 한다. 그 회의의 핵심 논제는 불필요한 조명을 줄여 예산을 절감하고 어두운 밤을 살리자는 것이었다. 이러한 주장은 우리의 환경을 지키기 위해 매우 의미 있는 일이라고 할 수 있다. 따라서 우리도 여기에 적극 동조해야 한다. 하늘에서 사라진 별과 은하수를 찾는 것은 낭만과 동화의 차원만이 아니라 환경과 생태계 보호 차원에서 늦출 수 없는 일이기 때문이다.

– 박연호, 「누가 별들을 훔쳐 갔나」

지문 개관

무질서한 야간 조명이 빛 공해를 일으키고 있음을 지적하고, 쾌적하고 아름다운 밤의 조성, 도시 이미지 제고와 관광객 유치, 에너지의 효율적 이용을 위해 체계적인 계획 하에 야간 경관을 개발할 것을 주장한 글이다.

나 오늘날 인공위성에서 바라본 지구의 밤 모습은 각 대륙에 점철된 빛의 얼룩들이 곳곳을 갉아먹으면서 확대되고 있는 상태이다. 한반도의 남쪽도 예외일 수 없다. 아니 그 정도가 아니라 지구상에서 가장 밝게 빛나고 있는 지역이라 해도 지나치지 않다. 사정이 이러하므로 일부에서는 "우리나라의 도시가 밝게 빛나고 있다면 더 이상 야경을 위해 노력할 필요가 있는가?"라고 되물을지도 모른다. 그러나 문제는 빛이 아니라 빛의 공해이다. 도시의 빛 공해 문제는 불을 끈다고 해결할 수도 없고, 그렇게 해결해서도 안 된다. 그것은 소극적인 방법이며 시대에 역행하는 길일 뿐이다. 오히려 조명의 관리를 통해 야간 경관을 적극적으로 개발하는 것이 필요하다.

무질서한 조명은 시각적 혼란을 준다는 점에서 분명히 공해이다. 휘황찬란한 도시의 조명은 우리의 눈살을 찌푸리게 만들 뿐 아니라, 야간의 도시 미관을 훼손하고 있다. 체계적인 야간 경관 계획을 세우고 야경을 개발해야 할 필요성이 바로 여기에 있다. 우리의 밤도 쾌적하고 아름답게 가꿀 수 있기 때문이다.

또 다른 이유는 야간 경관을 통해서 도시의 이미지를 제고하고 관광객 유치에 기여할 수 있다는 점이다. 관광객 유치를 위해서는 주된 건축물과 문화재를 장식적으로 조명하는 것도 필요하다. 프랑스의 리옹 시는 아름다운 밤의 도시를 가꾸기 시작한 1989년 이래 야간 경관의 세계적 명소로 자리매김하면서 오늘날 수많은 관광객을 끌어모으고 있다. 특히 매년 12월, 조명과 관련된 예술가들과 학자들, 조명 전문가들이 전체 도시의 차원에서 도시 곳곳을 다양한 꿈과 상상력으로 장식하는 빛의 축제가 열린다. 2002년에는 나흘의 축제 기간에 300만 명이 넘는 관광객이 찾아오기도 했다. / 그뿐만 아니라 조명에 사용되는 에너지를 최대한 효율적으로 이용하기 위해서도 야간 경관 개발은 필요하다. 일부 관계자들은 야간 경관 개발이 에너지 소비를 가속화한다고 여기기도 한다. 그렇지만 야간 경관 개발이 잘 수립된 계획 속에서 진행된다면 오히려 전기 에너지의 효율적인 사용과 무분별한 상업 조명의 제한으로 에너지 낭비를 줄일 수도 있다.

– 김정아, 「별이 빛나는 도시를 위하여」

 문제

(가), (나)의 핵심 주장이 지닌 차이점을 비교하고, 이에 대한 자신의 생각을 근거를 들어 서술하시오. [10점]

─(조건)─
- '야간 조명'에 대한 자신의 입장을 분명하게 밝힐 것.
- 주장을 뒷받침하는 근거를 두 가지만 제시할 것.

_____

_____

_____

_____

유형 이해

짧게는 80~100자, 길게는 300자 내외의 분량으로, 또는 별도의 분량 제한 없이 특정 주제와 관련한 내용을 구성해야 하는 서술형 문항으로, 짧은 논술에 가깝다고 볼 수 있다. 주로 주장하는 글을 다룰 때 출제되며, 중심 화제와 관련하여 자신의 주장과 그 근거를 구체적으로 밝힐 것을 요구하는 경우가 많다. 때로는 별도의 원고지 양식을 나눠 주고 여기에 답안을 작성할 것을 요구하는 경우도 있기 때문에 기본적인 원고지 작성법에 대한 이해도 필요하다.

 왜 틀리나?

👤 내 생각을 뒷받침할 근거를 어떻게 마련해야 할지 모르겠어요.

👤 여러 문장으로 내용을 연결해야 하는데, 이 과정이 너무 어려워요.

해결 Tip

이와 같은 유형의 문제는 앞서 살펴본 서술형 문항과 달리 평소의 경험이나 배경지식 등을 활용해야 하는 경우가 많아 어려움을 겪는 학생이 많다. 또 3~4문장 이상의 여러 문장으로 길게 써야 하는 경우가 많아 부담감을 느끼고, 짜임새 있게 문장을 연결하는 데 어려움을 겪기도 한다. 근거를 명확하게 제시하지 못한 채 주장만 내세우는 경우도 많다.

이 유형에서는 문제에서 묻는 내용과 관련하여 **자신이 최종적으로 말하고자 하는 바(주장)를 먼저 정하는** 것이 좋다. 그런 다음 **글의 내용이나 관련된 경험 또는 배경지식을 떠올려 '왜' 그러한 주장을 하는지에 대한 근거를 마련**해야 한다. 이때 주장과 근거는 각각 하나의 문장으로 만들어 두는 것이 이후에 글을 쓸 때 도움이 된다. **주장을 담은 글에서는 '주장 – 근거' 또는 '근거 – 주장'의 순으로 내용을 배열**하는 것이 짜임새 있는 글을 쓰는 데 효과적이다. 이 과정에서 접속어를 적절하게 활용하거나 "첫째, 둘째, …"와 같은 표현을 활용할 수도 있다.

긴 글을 써 본 경험이 적은 경우, 하나의 문장으로 내용을 계속 이어 쓰는 실수를 하기 쉬운데, 이때에는 **내용을 짧게 끊어 써서 연결**하는 것이 더 효과적이다. 또한 이 유형에서는 답안의 분량을 확인하기 위해 원고지 양식의 답지에 답안을 쓸 것을 요구하는 경우도 있는데, 이와 관련하여 기본적으로 알아두어야 할 원고지 작성법은 다음과 같다.

- 글을 맨 처음 시작할 때는 첫 칸을 비운다.
- 문장 부호는 한 칸에 하나씩 쓴다.
- 아라비아 숫자가 두 자리 이상인 경우에는 한 칸에 두 자씩 쓴다.
- 온점(.)과 반점(,)은 바로 다음 칸에 이어서 글을 쓴다.

[정리]

❶ 문제에서 요구하는 내용이 무엇인지 확인한다.

❷ 문제에서 요구하는 내용과 관련된 자신의 입장을 정한다.

❸ 글의 내용이나 자신의 경험 또는 배경지식을 바탕으로 근거를 마련한다.

❹ 말하고자 하는 바와 그를 뒷받침하는 근거들을 각각 하나의 문장으로 완성한다.

❺ 완성한 문장을 '주장 – 근거' 또는 '근거 – 주장'의 순으로 배열한 뒤, 적절한 접속어를 사용하여 짜임새 있게 연결한다.

☑ **채점하기**

모범 답안 (가)는 야간 조명의 사용을 줄일 것을, (나)는 야간 조명을 적절하게 사용할 것을 주장하고 있다. 이에 대해 나는 야간 조명을 적절하게 사용하는 것이 더 타당하다고 생각한다. 문명의 발전과 세계화로 야간 활동의 필요성이 존재하는 현실을 고려해야 하기 때문이다. 또 최근 사회적 문제로 떠오른 야간 강력 범죄 예방과 안전 관리를 위해서도 야간 조명의 적절한 사용이 필요하다. 따라서 야간 조명을 무조건 줄이기보다는 체계적인 계획을 세워 적절히 사용하고 관리하는 것이 더욱 바람직할 것이다.

해설	(가)는 빛의 과잉을 불러온 야간 조명을 줄이자는 것을, (나)는 체계적인 계획 하에 야간 조명을 적절하게 사용하고 관리하자는 것을 주장하고 있다. (가)의 주장을 지지하는 입장에서는 야간 조명에 따른 생태계의 교란과 파괴, 인체에 미치는 부정적 영향 등을 근거로 제시할 수 있다. (나)의 주장을 지지하는 입장에서는 산업적 측면에서의 야간 조명의 필요성, 도시 미관 개선 및 범죄 예방 효과 등을 근거로 제시할 수 있다.
채점 기준	• (가)의 핵심 주장을 "야간 조명의 사용 축소", (나)의 핵심 주장을 "야간 조명의 적절한 사용"의 맥락에서 정리함. ⇒ 4점(각 2점) • 야간 조명에 관한 자신의 입장을 분명하게 밝힘. ⇒ 2점. • 주장을 뒷받침하는 적절한 근거 두 가지를 제시함. ⇒ 4점(각 2점) • 적절한 근거를 셋 이상 제시하더라도 추가 점수 없음.

[이러면 감점] 위의 채점 기준을 참고하여 아래 답안을 채점하고 **감점 받은 이유**를 써 보자.

답안 1	(가)는 야간 조명의 사용을 줄이자는 주장을, (나)는 야간 조명을 적절하게 사용하자는 주장을 담고 있다. 나는 야간 조명의 사용을 줄이는 것이 타당하다고 생각한다. 인공조명은 인간의 생활을 편리하게 하고 윤택하게 하는 데 기여했다. 그러나 지금은 이에 따른 문제가 많이 발생하고 있으므로 야간 조명의 사용을 줄여야 한다.	___점

→ 감점 이유는? _____

답안 2	나는 야간 조명을 적절하게 사용하고 관리해야 한다고 생각한다. 야간 조명은 늦은 밤에도 인간의 활동을 가능하게 하여 생산성을 높이고 경제 발전에 기여할 수 있다. 또 도시 미관을 좀 더 아름답게 만들어 인간의 삶을 보다 윤택하게 할 수 있다. 따라서 야간 조명의 사용을 줄이기보다 적절하게 사용하고 관리할 수 있도록 노력해야 할 것이다.	___점

→ 감점 이유는? _____

'묻는 내용' 놓치지 않기

문제에서 묻는 내용을 놓치지 않고 답안을 쓰려면 어떻게 해야 할까?

둘 이상의 내용이 복합적으로 출제되지는 않았는지 잘 살펴야 해.

앞서 서술형 문항의 대표적인 유형 11개를 살펴보고, 유형별 해결 Tip을 알아보았다.

그런데 이를 잘 이해하고 기억했음에도 실제 시험에서 제대로 적용하지 못하거나 당황하는 경우가 있다.

왜냐하면 실제 시험에서는 앞서 살펴본 유형들이 둘 이상 합쳐진 복합 형태로 출제되는 경우가 있기 때문이다.

실제 학교 시험으로 출제된 다음의 서술형 문항을 살펴보자.

(1) 둘 이상의 '묻는 내용'이 명확하게 구분되어 제시되는 경우

하나의 발문 안에서 두 가지를 묻고 있다. (1)은 '소재(찾아 쓰기)', (2)는 '인물의 행동(분량에 맞게 쓰기)'을 묻고 있다.

▣ 윗글에서 (1)갈등의 원인이 된 소재를 찾고, (2)갈등을 해결하려고 문기가 한 행동을 3어절로 쓰시오.

▣ 〈보기〉의 단어가 발음되는 과정에 대해 서술하시오.

┌─────── 보기 ───────┐

낱말 → [㉠] → [㉡]

└─────────────────┘

(1) ㉠과 ㉡에 들어갈 발음을 순서대로 쓰시오.
(2) ㉠과 ㉡을 발음할 때 나타나는 음운 현상을 쓰시오.

두 개의 소문항으로 나누어 출제된 서술형 문항이다. (1)은 빈칸에 들어갈 발음을, (2)는 개념 및 용어를 써야 한다.

위와 같이 서술형 문항에는 하나의 문제에서 둘 이상의 내용을 묻는, 즉 둘 이상의 유형이 결합된 경우가 많다.

이런 경우 앞서 학습한 서술형 유형 가운데 어디에 속하는지 헷갈려서 제대로 풀지 못하거나,

답안에 써야 할 내용을 다 쓰지 못해 감점을 받는 경우가 생기게 된다.

(2) 둘 이상의 '묻는 내용'이 구분 없이 제시되는 경우

▣ 〈보기〉와 같은 표현을 가리키는 용어를 쓰고, 이와 같은 표현이 쓰인 시구를 본문에서 찾아 쓰시오.

┌──── 보기 ────┐
· 푸른 종소리
· 금빛 게으른 울음을 우는 곳
└─────────────┘

'표현의 명칭(개념 및 용어 쓰기)', '표현이 쓰인 시구(찾아 쓰기)' 두 가지를 묻고 있다.

▣ 윗글에서 점순이에 대한 '나'의 변화된 심리를 보여 주는 구절을 찾고, 그러한 변화의 원인이 된 사건을 한 문장으로 쓰시오.

'점순이에 대한 '나'의 변화된 심리가 드러난 구절(찾아 쓰기)', '변화의 원인이 된 사건(한 문장으로 쓰기)' 두 가지를 묻고 있다.

위의 문항도 둘 이상의 내용을 묻는, 둘 이상의 유형이 결합된 사례이다.

다만 앞의 사례와 달리 두 가지 내용을 동시에 묻고 있지만, 이를 특별히 구분하여 제시하고 있지는 않다.

이런 문항의 경우, 특히나 어려움을 겪는 학생들이 많다.

따라서 서술형 문항을 해결할 때에는 발문부터 꼼꼼하게 살피는 것이 중요하다.

발문에 제시된 문제의 요구 사항, 즉 답안으로 써야 할 내용이 어떤 것인지를 분명하게 파악해야 한다.

그래야 써야 할 내용을 놓치지 않고 답안을 작성할 수 있다.

📋 서술형 문항 고득점을 위한 길잡이

☑ 문제에서 요구하는 사항이 하나인지 둘 이상인지 확인한다.

☑ 문제에서 요구하는 사항을 모두 고려하여 답안을 작성한다.

☑ 문제에서 요구하는 사항을 모두 담았는지 답안을 다시 확인하며 점검한다.

조건을 놓치지 않고
답안을 쓰려면
어떤 점에 유의해야 할까?

조건이라고 표시되지 않은
숨겨진 조건까지
잘 살펴야 해.

서술형 문항에서 가장 중요한 것 가운데 하나가 '조건'이다.

〈유형04〉 ~ 〈유형10〉에서 분량, 형식, 내용과 관련한 조건을 두루 살펴본 바 있다.

그런데 이를 충분히 알고 있음에도 이 조건에 맞게 쓰지 않는 학생들이 많다. 왜 그럴까?

실제 학교 시험으로 출제된 다음의 서술형 문항을 살펴보자.

(1) '조건'이 별도로 제시되는 경우

▣ 소년이 ㉠과 같이 행동한 까닭을 〈조건〉에 맞게 서술하시오.

┃ 조건 ┃

1. '소녀가'를 주어로 쓸 것.
2. 20자 이내로 쓸 것.

형식 및 분량에 대한 조건이
제시되어 있다.

▣ 윗글에서 남자가 사람들과 의사소통을 할 수 없게 된 까닭을
서술하시오.

┃ 조건 ┃

1. 언어의 본질과 관련된 용어를 포함할 것.
2. "남자가 ~ 했기 때문이다."의 형식으로 쓸 것.

내용 및 형식에 대한 조건이
제시되어 있다.

우리는 위와 같이 '조건'이 별도로 제시된다고 생각한다. 이런 경우라면 조건을 놓치지 않을 가능성이 크다.

체크해야 할 조건이 한눈에 들어오며, 잘 정리되어 있기 때문이다.

그런데 이 조건은 문제에 따라 발문에서 묻는 내용과 함께 뒤섞여 제시되기도 하고,

발문에도 있고, 별도 조건으로도 있는 형태로 제시되기도 한다.

이에 조건을 제대로 확인하지 못해 틀리는 경우가 생기게 된다.

(2) '조건'이 발문에 뒤섞이거나 여러 곳에 제시되는 경우

내용 및 형식에 대한 조건이 별도의 '조건' 박스 없이 발문에 뒤섞여 제시되어 있다.

■ ㉠과 ㉡의 차이를 '수식'이라는 단어를 포함하여 서술하시오. ("㉠은 ~(이)지만, ㉡은 ~(이)다."의 형식으로 쓸 것.)

■ 위 시의 화자가 소망하는 바를 '~(한) 세계'의 형식으로 서술하시오.

┤ 조건 ├
• 대비되는 소재 둘 이상을 밝힐 것.

형식 조건이 발문에, 내용 조건이 '조건' 박스에 제시되어 있다.

위의 문항은 앞의 사례와 달리 조건이 발문에 뒤섞이거나 여러 곳에 제시된 사례이다.

이러한 형태의 서술형 문항은 꼼꼼하게 확인하지 않으면 문제에서 요구하는 조건을 놓쳐 틀리거나 감점을 받게 될 가능성이 크다.

따라서 서술형 문항을 해결할 때에는 발문부터 꼼꼼하게 살펴보는 것이 중요하다.

즉, 발문에 제시된 문제의 요구 사항을 파악하고, 그 외에 별도 조건이 있는지를 반드시 확인해야 한다.

또 '조건' 박스가 있더라도 발문에 추가 조건이 있는지 확인해야 조건을 모두 충족하는 답안을 작성할 수 있다.

📋 서술형 문항 고득점을 위한 길잡이

☑ 별도로 제시된 조건이 있는지 확인한다.

☑ 발문에 묻는 내용 외에 추가적인 조건이 담겨 있는지 확인한다.

☑ 문제에 제시된 조건을 모두 고려하여 답안을 작성한다.

☑ 문제에 제시된 조건을 모두 충족했는지 답안을 다시 확인하며 점검한다.

II 실전 학습

학교 시험에 실제로 출제되는 다양한 형태의 서술형 문항을 영역별로 제시하였다.
앞서 학습한 '유형 학습'의 내용을 떠올리며 제시된 문항을 하나씩 해결해 보면서
학교 시험에서 점점 비중이 커지는 서술형 문항에 대한 실제적인 해결 능력을 길러 보자.

서술형 문항, 어떤 내용이 출제되나?

영역	주요 출제 내용	출제 빈도
운문 문학	화자의 생각 · 느낌 · 태도 · 특성	
	시어 · 시구의 의미	
	시의 내용 이해	
	표현 방법	
	주제 및 창작 의도	
산문 문학	인물의 성격 · 심리 · 태도	
	사건 및 갈등의 양상	
	시점 및 서술자	
	구절 및 제목의 의미	
	표현 방법	
	소재 및 배경의 의미 · 역할	
	주제 및 창작 의도	
비문학	내용 이해 · 정리	
	서술상 특징	
문법	문법 개념 이해	
	문법 개념 적용	
듣기 · 말하기	의사소통 문제 및 해결 방안	
	의사소통 태도	
쓰기	글쓰기 유의점	
	글쓰기 계획 및 실제	

이런 문제만 나오는 것은 아니지만 여기에 집중하면 도움이 되겠지?

※ '영역' 부분의 원그래프는 서술형 문항에서의 영역별 출제 비중을 의미합니다.

※ 전국 100개 중학교 학교 시험에 출제된 서술형 문항을 분석한 결과로, 학교마다 편차가 있을 수 있습니다.

서술형 문항 대비 방법

작품 속 화자의 생각과 느낌, 특성, 시적 대상 및 시적 상황을 대하는 태도 등을 정리해 본다.

주요 시어 및 시구에 담긴 함축적 의미를 정리해 본다.

시적 대상 및 시적 상황을 중심으로 시의 주요 내용을 정리해 본다.

비유, 상징, 반어, 역설 등 작품에 사용된 표현 방법의 개념과 효과 등을 정리해 본다.

작품 전체의 주제 및 작가의 창작 의도를 정리해 본다.

작품 속 등장인물의 성격, 사건 전개 과정에서 드러나는 인물의 심리나 태도 등을 정리해 본다.

작품에서 드러나는 사건의 전개 과정 및 갈등의 유형, 갈등의 원인과 진행 과정, 해결 과정 등을 정리해 본다.

작품에 사용된 시점, 서술자의 특성 및 효과 등을 정리해 본다.

작품의 제목 및 주요 구절에 담긴 의미를 정리해 본다.

풍자, 해학, 묘사 등 작품 전체 또는 특정 부분에 나타난 주요 표현 방법과 그 효과를 정리해 본다.

작품에 등장하는 주요 소재에 담긴 의미와 기능, 배경의 역할 등을 정리해 본다.

작품 전체의 주제 및 작가의 창작 의도를 정리해 본다.

설명문의 경우 설명 대상과 설명 내용, 논설문의 경우 주장과 근거 등을 정리하고, 글 전체의 주제를 살펴본다.

글에 사용된 설명 방법(정의, 예시, 비교 · 대조, 분류, 분석, 열거 등)이나 논증 방법, 내용 전개 방식 등을 정리해 본다.

교과서에 제시된 주요 개념(품사, 단어, 문장, 음운, 국어 규범 등)을 암기해 둔다.

교과서 학습 활동을 바탕으로 문법 개념을 여러 사례에 적용하는 연습을 해 본다.

일상 대화, 면담, 토의 · 토론 등 여러 담화 상황에서 나타나는 문제점과 해결 방안을 정리해 본다.

일상 대화, 면담, 토의 · 토론 등 여러 담화 상황에서 원활한 의사소통을 위해 지녀야 할 태도를 정리해 본다.

정보 전달, 설득, 정서 표현 등 다양한 목적의 글쓰기 상황에서 유의해야 할 점을 정리해 본다.

효과적인 글쓰기를 위해 글쓰기 계획을 세우고, 실제로 글을 쓰는 연습을 해 둔다.

운문 문학은 시어 · 표현, 산문 문학은 인물 · 사건 · 배경, 비문학은 핵심 내용 및 주제에 신경 쓸 필요가 있겠네!

운문 문학 ①

지문 개관

고양이의 모습을 통해 드러나는 봄의 분위기를 노래한 작품이다. 고양이의 털, 눈, 입술, 수염을 통해 봄의 향기, 불길, 졸음, 생기 등 봄의 느낌과 분위기를 감각적으로 그려 내고 있다.

㉠꽃가루와 같이 부드러운 고양이의 털에
고운 봄의 향기가 어리우도다.[*]

금방울과 같이 호동그란[*] 고양이의 눈에
미친 봄의 불길[*]이 흐르도다.

고요히 다문 고양이의 입술에
포근한 봄 졸음[*]이 떠돌아라.

날카롭게 쭉 뻗은 고양이의 수염에
푸른 봄의 생기[*]가 뛰놀아라.

– 이장희, 「봄은 고양이로다」

━━ 시어·시구 해설 ━━

* 어리우도다 '어리다'의 감탄형. 어떤 현상, 기운, 추억 따위가 배어 있거나 은근히 드러나다.
* 호동그란 '회동그랗다'의 방언. 크게 뜬 눈이 동그란.
* 미친 봄의 불길 생명력 넘치는 봄의 느낌을 표현함.
* 포근한 봄 졸음 나른한 봄의 느낌을 표현함.
* 푸른 봄의 생기 생동감 넘치는 봄의 느낌을 표현함.

1 3연에서 찾아볼 수 있는 감각적 심상 두 가지를 쓰시오. [4점]

_____

문항 분석

특정 시구에 나타나는 심상을 파악하는 문항이다. '두 가지' 심상을 정확한 용어로 써야 한다.

▶활동 Tip 3연의 시구를 살펴보면서 어떤 감각과 관련된 심상이 느껴지는지 생각해 본다.

2 ㉠에 사용된 비유적 표현의 내용과 효과에 대해 〈조건〉에 맞게 서술하시오. [4점]

┌─〈조건〉─────────────────────────────────┐
· ㉠에 사용된 비유적 표현의 원관념과 보조 관념을 밝힐 것.
· "㉠에서는 ~을/를 ~에 비유하여 ~을/를 강조하고 있다."의 형식으로 쓸 것.
└──┘

_____

_____

│서술형 쓰기Tip │ 답안으로 써야 할 문장 형식 전체가 제시된 경우에는 "~" 부분에 들어갈 내용을 먼저 찾아야 한다. 이때 문장 형식 외에 추가 조건이 있다면 그것을 살펴보는 것이 좋다. 이 문제에서는 비유적 표현의 원관념이 첫 번째 "~" 부분에, 보조 관념이 두 번째 "~" 부분에, 표현의 효과가 세 번째 "~" 부분에 들어가야 한다.

문항 분석

시에 사용된 비유적 표현의 내용과 효과를 파악하는 문항이다. '비유적 표현의 원관념과 보조 관념 제시'라는 내용 조건, 문장 형식과 관련한 형식 조건이 제시되어 있다.

▶활동 Tip ㉠에 사용된 비유적 표현을 확인하여 원관념과 보조 관념을 찾고, 이를 통해 무엇을 강조하고 있는지 생각해 본다.

정답

다시 써 보기 틀린 문제의 경우, 정답을 다시 써 보자.

....

....

운문 문학 ②

지문 개관

청년들이 꿈과 희망을 추구하며 사랑하는 마음을 갖고 살아가는 존재가 되기를 바라는 마음을 노래한 작품이다. 인생에 꿈이 없다면 의미 있는 삶이 아니라는 메시지를 '푸른 바다', '고래', '별' 등 상징적 의미를 지닌 시어를 활용하여 표현함으로써 의미를 확장하고, 읽는 이에게 많은 생각을 하게끔 하고 있다.

푸른 바다*에 ㉠고래가 없으면
푸른 바다가 아니지
마음속에 푸른 바다의
고래 한 마리 키우지 않으면
청년이 아니지

푸른 바다가 고래를 위하여
푸르다는 걸 아직 모르는 사람은
아직 사랑*을 모르지

고래도 가끔 수평선 위로 치솟아 올라
별을 바라본다*
나도 가끔 내 마음속의 고래를 위하여
밤하늘 ㉡별들을 바라본다

            – 정호승, 「고래를 위하여」

시어 · 시구 해설

* 푸른 바다 고래가 사는 곳. '인생, 청년의 삶' 등을 의미함.
* 사랑 자신에 대한 사랑, 타인에 대한 사랑.
* 별을 바라본다 꿈과 희망을 지향하는 모습.

1 위 시에서 ㉠, ㉡이 지닌 상징적 의미를 한 문장으로 서술하시오. [4점]

_____

_____

| **서술형 쓰기 Tip** | 대등한 두 가지 내용을 하나의 문장으로 쓸 때에는 "～은 ～(이고), ～은 ～이다."의 형식으로 쓰는 것이 효과적이다.

▌문항 분석

시어의 상징적 의미를 파악하는 문항이다. ㉠과 ㉡ 두 시어의 의미를, '한 문장'으로 써야 한다.

▶**활동 Tip** '푸른 바다'에 사는 '고래'가 '별'을 바라보듯 '나'도 '별'을 바라본다는 표면적 내용이 어떤 함축적 의미를 지니는지 생각해 본다.

2 시인이 위 시를 통해 독자에게 궁극적으로 전달하고자 하는 바를 〈조건〉에 맞게 서술하시오. [4점]

〈조건〉
• 시인이 독자에게 바라는 바 두 가지를 모두 밝힐 것.
• 청유형 문장으로 쓸 것.

_____

_____

| **서술형 쓰기 Tip** | 서술형 문항에는 이 문제와 같이 문장의 종결 형태를 구체적으로 제시하지 않고, '청유형, 명령형, 감탄형, 의문형' 등으로 문장의 종류만 제시하는 경우가 있다. 기본적으로 청유형은 '–자', 명령형은 '–어라', 감탄형은 '–(는)구나', 의문형은 '–(느)냐' 등의 종결 어미를 사용한다.

▌문항 분석

시인이 시를 통해 말하고자 하는 바, 즉 시의 주제를 파악하는 문항이다. '시인의 바람 두 가지 제시'라는 내용 조건, '청유형 문장'이라는 형식 조건이 제시되어 있다.

▶**활동 Tip** 1번 문항에서 해석한 상징적 의미를 바탕으로 각 연의 내용을 정리하고, 이를 종합하여 시인이 궁극적으로 말하고자 하는 바를 생각해 본다.

정답
다시 써 보기 틀린 문제의 경우, 정답을 다시 써 보자.

운문 문학 ③

지문 개관

떠나간 임을 잊을 수 없는 마음을 노래한 작품이다. 겉으로는 임을 잊었다고 말하고 있지만, 실제로는 결코 잊을 수 없음을 반어적으로 표현하여 임에 대한 간절하고 애절한 그리움을 효과적으로 드러내고 있다.

먼 훗날 당신이 찾으시면
그때에 내 말이 '잊었노라*'

당신이 속으로 나무라면*
'무척 그리다가 잊었노라'

그래도 당신이 나무라면
'믿기지 않아서 잊었노라'

오늘도 어제도 아니 잊고*
먼 훗날 그때에 '잊었노라'

– 김소월, 「먼 후일」

시어 · 시구 해설

＊ **잊었노라** 반어적 표현. 잊지 못했다는 의미를 강조함.
＊ **당신이 속으로 나무라면** '나'가 '당신'을 잊었다고 한 것을 임이 나무라면.
＊ **오늘도 어제도 아니 잊고** 현재에도 과거에도 임을 잊지 못하고. 임을 잊지 못하고 그리워하는 화자의 본심이 드러남.

1 위 시의 화자가 놓인 상황과 그 상황에서 화자가 느끼고 있는 심정을 서술하시오. [4점]

┌─（조건）─
• '당신'이라는 단어를 반드시 포함하여 쓸 것.
• 화자가 느끼는 정서 두 가지를 모두 밝힐 것.
└─

| 서술형 쓰기 Tip | 문장 형식에 대한 제한이 없다면 발문에 제시된 표현을 활용하여 답안을 쓰는 것이 좋다. 예컨대 발문에서 'A의 의미'를 묻는다면, 답안을 "A의 의미는 ~(이다.)"처럼 쓰는 것이다. 그러면 문제에서 요구하는 바를 정확하게 제시할 수 있다. 이 문제의 경우, "화자는 ~ 상황에서 ~을 느끼고 있다."와 같이 쓸 수 있다.

| 문항 분석

시적 상황과 화자의 정서를 파악하는 문항이다. "'당신'이라는 단어 사용', '화자의 정서 두 가지 제시'라는 내용 조건이 제시되어 있다.

▶ **활동 Tip** '당신'에 대한 화자의 말과 태도를 바탕으로 화자가 어떤 상황에 놓여 있는지 추측해 보고, "무척 그리다가", "믿기지 않아서", "오늘도 어제도 아니 잊고" 등의 표현에서 어떤 마음을 엿볼 수 있는지 생각해 본다.

2 위 시에서 반복적으로 사용된 주된 표현 방법을 밝히고, 이를 통해 얻을 수 있는 효과를 서술하시오. [5점]

┌─（조건）─
• 각 연의 2행에 반복적으로 사용된 표현 방법의 명칭과 개념을 밝힐 것.
• 한 문장으로 쓸 것.
└─

| 문항 분석

시에 사용된 표현 방법과 효과를 파악하는 문항이다. '표현 방법의 명칭과 개념 제시'라는 내용 조건, '한 문장'이라는 형식 조건이 제시되어 있다.

▶ **활동 Tip** 각 연의 2행에 반복되는 "잊었노라"에 담긴 의미를 바탕으로 시에 사용된 주된 표현 방법을 파악하고, 이것이 어떤 효과를 지니는지 생각해 본다.

정답
다시 써 보기 틀린 문제의 경우, 정답을 다시 써 보자.

운문 문학 ④

지문 개관

가난했던 어린 시절, 시장에 간 엄마를 기다리며 느낀 외로움을 노래한 작품이다. 1연에는 홀로 엄마를 기다리며 외로움과 쓸쓸함을 느끼던 어린 시절 '나'의 모습이, 2연에는 시간이 흘러 어른이 된 현재의 '나'가 어린 시절을 회상하며 서글픔과 안타까움을 느끼는 모습이 나타나 있다. 비유적 표현과 다양한 심상을 통해 화자의 정서를 감각적이고 생생하게 드러내고 있다.

열무 삼십 단을 이고*
시장에 간 우리 엄마
안 오시네, 해는 시든 지 오래*
나는 찬밥처럼* 방에 담겨
아무리 천천히 숙제를 해도
엄마 안 오시네, 배춧잎 같은 발소리 타박타박*
안 들리네, 어둡고 무서워
금 간 창틈*으로 고요히 빗소리
빈방에 혼자 엎드려 훌쩍거리던

아주 먼 옛날*
지금도 내 눈시울을 뜨겁게 하는
그 시절, 내 유년의 ⊙윗목*

– 기형도, 「엄마 걱정」

시어 · 시구 해설

* **열무 삼십 단을 이고** 엄마의 고단한 삶을 보여 줌.
* **해는 시든 지 오래** 1행의 '열무'와 관련지어 열무가 시들 만큼 시간이 오래 흘렀음(엄마를 기다린 지 오래됐음)을 표현함.
* **찬밥처럼** 외롭고 쓸쓸한 화자의 서글픈 처지를 표현함.
* **배춧잎 같은 발소리 타박타박** 지친 엄마의 발소리를 '배춧잎'에 비유하여 형상화함.
* **금 간 창틈** 가난한 가정 형편을 짐작하게 함.
* **아주 먼 옛날** 엄마를 기다리던 때가 아주 오래전으로, 화자가 어린 시절을 회상하고 있음을 짐작하게 함.
* **내 유년의 윗목** 은유법. 외롭고 쓸쓸했던 어린 시절을 차가운 '윗목'(온돌방에서 아궁이로부터 먼 쪽의 방바닥으로, 불길이 잘 닿지 않아 아랫목보다 상대적으로 차가움)에 빗대어 표현함.

1 〈보기〉에서 설명하는 시행을 위 시에서 찾아 쓰시오. [4점]

[보기]

　　어린 시절의 '나'가 허름한 집에서 홀로 엄마를 기다리던 모습을 시각적 심상과 청각적 심상을 사용하여 표현한 시행으로, '나'의 쓸쓸하고 외로운 심정을 고조시키고 있다.

|**문항 분석**

제시된 설명에 해당하는 시행을 찾아 쓰는 문항이다. 지문에 제시된 그대로 옮겨 써야 한다.

▶**활동 Tip** 집의 외양을 묘사하거나 시각적·청각적 심상이 드러나는 시행을 찾아본다. 그런 다음 해당 부분이 '쓸쓸함, 외로움' 등의 정서와 관련이 있는지를 따져 본다.

(논술형)

2 위 시에서 화자가 자신의 유년 시절을 ㉠과 같이 표현한 까닭을 〈조건〉에 맞게 한 문장으로 서술하시오. [4점]

[조건]

• 어린 시절에 화자가 엄마를 기다리며 느낀 심정과 관련지어 쓸 것.
• ㉠이 주는 감각적 이미지와 연결 지어 쓸 것.

|**문항 분석**

시적 표현에 담긴 의도를 파악하는 문항이다. '어린 시절의 화자의 심정', '㉠이 주는 감각적 이미지'와 관련지으라는 두 가지 내용 조건, '한 문장'이라는 형식 조건이 제시되어 있다.

▶**활동 Tip** 따뜻한 아랫목과 대비되는 '윗목'의 감각적 이미지를 떠올려 보고, 그것이 화자가 유년 시절 경험한 일이나 생각, 느낌과 어떤 점에서 관련되는지 생각해 본다.

| **서술형 쓰기Tip** | 서술형 문항에는 이 문제와 같이 표현의 의도, 말이나 행동의 원인 등 '까닭'을 묻는 경우가 많다. 이러한 문제는 '원인-결과'의 관계에 해당하므로 "~(하)기 때문에 ~하였다." 또는 "~(해)서 ~하였다."의 형식으로 쓰는 것이 효과적이다.

정답
다시 써 보기 틀린 문제의 경우, 정답을 다시 써 보자.

운문 문학 ⑤

지문 개관

귀뚜라미를 화자로 설정하여 자신의 울음이 누군가에게 감동이 되는 노래가 되기를 바라는 소망을 노래한 작품이다. 매미와의 대조를 통해 귀뚜라미의 처지와 소망을 부각하고, 의문형 어미(~ 있을까)를 통해 시적 의미를 강조하고 있다.

높은 가지를 흔드는 매미 소리에 묻혀
㉠내 울음 아직은 노래 아니다.

차가운 바닥 위에 토하는 울음,
풀잎 없고 이슬 한 방울 내리지 않는
지하도 콘크리트 벽 좁은 틈*에서
숨 막힐 듯, 그러나 나 여기 살아 있다
귀뚜르르 뚜르르 보내는 타전 소리*가
누구의 마음 하나 울릴 수 있을까.

지금은 매미 떼가 하늘을 찌르는 시절*
그 소리 걷히고 맑은 가을이
어린 풀숲 위에 내려와 뒤척이기도 하고
계단을 타고 이 땅 밑까지 내려오는 날
발길에 눌려 우는 내 울음*도
㉡누군가의 가슴에 실려 가는 노래*일 수 있을까

— 나희덕, 「귀뚜라미」

시어·시구 해설

* **풀잎 없고 이슬 한 방울 내리지 않는 / 지하도 콘크리트 벽 좁은 틈** 귀뚜라미가 사는 곳. 열악하고 힘겨운 삶의 공간을 의미함.
* **타전 소리** '타전'은 '전보나 무전을 침.'을 뜻하는 말로, 귀뚜라미가 살아 있음을 알리는 소리를 뜻함.
* **지금은 매미 떼가 하늘을 찌르는 시절** 여름. 귀뚜라미가 기다리는 '가을'과 대비됨.
* **발길에 눌려 우는 내 울음** 고통스러운 상황에서 나오는 소리.
* **누군가의 가슴에 실려 가는 노래** 누군가의 마음에 감동을 줄 수 있는 소리. 공감각적 심상(청각의 시각화).

1 화자가 ㉠과 같이 말한 까닭을 〈조건〉에 맞게 서술하시오. [4점]

┌─〈조건〉─────────────────────────────────┐
• "여름에는 ～ 때문에 ～ 않기 때문이다."의 형식으로 쓸 것.
• '매미'라는 단어를 반드시 포함하여 쓸 것.
└──┘

│ 문항 분석

시구의 의미를 파악하는 문항이다. "'매미'라는 단어 포함'이라는 내용 조건, 문장 형식과 관련한 형식 조건이 제시되어 있다.

▶**활동 Tip** '울음', '노래'라는 시어가 나타난 시구를 찾아 살펴보고, 화자가 ㉠과 같이 말한 까닭을 추측해 본다.

2 ㉡에 나타난 표현상 특징을 표현 방법 및 감각적 심상의 측면에서 서술하시오. [4점]

│ 서술형 쓰기 Tip │ 형식적 제한 없이 복수의 내용을 답안으로 쓸 때에는 각 물음에 해당하는 답안을 먼저 쓰고, 내용 간의 관계를 고려해서 적절한 접속어로 연결하는 것이 좋다. 두 내용이 대등하다면 '그리고, 또', 두 내용이 인과 관계라면 '그러므로, 왜냐하면', 두 내용이 반대된다면 '그러나, 하지만'과 같은 접속어를 사용할 수 있다.

│ 문항 분석

특정 시구에 사용된 표현 방법과 시구에서 느껴지는 감각적 심상을 파악하는 문항이다. '표현 방법', '감각적 심상'의 두 가지 내용과 관련된 답안을 써야 한다.

▶**활동 Tip** ㉡에 사용된 표현 방법이나 ㉡에서 느껴지는 심상 가운데 하나를 먼저 살펴 확인한 뒤 나머지 하나를 살펴본다. 심상의 경우, 어떤 감각과 관련되는지를 살펴보되, 둘 이상의 감각(공감각적 심상)이 나타나지는 않는지 따져 본다.

정답

다시 써 보기 틀린 문제의 경우, 정답을 다시 써 보자.

산문 문학 ①

지문 개관

문기가 숙모의 심부름을 갔다가 주인의 실수로 더 많은 거스름돈을 받으면서 일어난 이야기를 다룬 작품이다. 양심의 가책을 느끼는 문기의 내적 갈등, 문기와 수만이의 외적 갈등을 통해 양심을 지키는 삶의 중요성을 강조하고 있다. 제시된 부분은 절정·결말 부분으로, 죄책감에 괴로워하던 문기가 사고를 당하고 작은아버지에게 자신의 잘못을 고백하는 장면이다.

[앞부분의 줄거리] 숙모의 심부름을 갔다가 주인의 실수로 더 많은 거스름돈을 받게 된 문기. 친구인 수만이의 꼬임에 넘어가 돈을 쓰던 문기는 양심의 가책을 느끼고 남은 돈을 고깃집 안마당에 던진다. 하지만 이를 믿지 않는 수만이로부터 괴롭힘을 당하던 문기는 숙모의 돈까지 훔치게 되고, 대신 아랫집 심부름 일을 하던 점순이가 누명을 쓰고 쫓겨나게 된다. 문기는 더욱더 괴로워한다.

오후 해 저물녘이다. 문기는 책보*를 흔들흔들 고개를 숙이고 담임 선생님 집 앞을 왔다가는 무춤하고* 섰다가 그대로 지나가고 그대로 지나가고 한다. 세 번째는 드디어 그 집 문 안을 들어서서 선생님을 찾았다. 선생님은 문기를 안방으로 맞아들였다. 학교에서 볼 때 엄하고 막막하던 선생님은 의외로 부드러이 웃는 낯으로 문기를 대한다. 문기는 선생님 앞에 엎드려 모든 것을 자백할 결심이었다. 그런데 선생님의 부드러운 태도에 도리어 문기는 말문이 열리지 않았다. 다음은 건넌방에서 어린애가 울어 못 했다. 다음은 사모님이 들락날락하고 그리고 다음엔 손님이 왔다. 기어이 문기는 입을 열지 못한 채 물러 나오고 말았다.

먼저보다 갑절 무겁고 컴컴한 마음이었다. 도저히 문기의 약한 어깨로는 지탱하지 못할 무거운 눌림이다. 걸음은 집을 향해 가는 것이지만 반대로 마음은 멀어진다. 장차 집엘 가서 대할 숙모가 두려웠고 삼촌이 두려웠고 더욱이 점순이가 두려웠다.

어느덧 걸음은 삼거리를 지나고 있었다. 문기 등 뒤에서 아주 멀리 뿡뿡하고 자동차 소리와 비켜라 비켜라 하는 사람의 소리가 나는 듯하더니 갑자기 귀밑에서 크게 울린다. 언뜻 돌아다보니 바로 눈앞에 자동차 머리가 달려든다. 그리고 문기는 으쓱하고 높은 데서 아래로 떨어져 가는 듯싶은 감과 함께 정신을 잃고 말았다.

얼마 동안을 지났는지 모른다. 문기가 어렴풋이 눈을 떴을 때 무섭게 전등불이 밝아 눈이 부시었다. 문기는 다시 눈을 감았다. 두 번째 문기가 눈을 뜨자 희미하게 삼촌의 얼굴이 나타나며 그것이 차차 똑똑해지더니 삼촌은,

"너 내가 누군 줄 알겠니?"

하고 웃지도 않고 내려다본다. 문기는 이것도 꿈인가 하고 한 번 웃어 주려면서 그대로 맑은 정신이 났다. 문기는 병원 침대 위에 누워 있었다. 어디 아픈 데는 없으면서도 몸을 움직일 수는 없다. 삼촌은 근심스러운 얼굴로 내려다본다.

"작은아버지." / 하고 문기는 입을 열었다. 그리고,

"저는 마땅히 받아야 할 벌을 받은 거예요." / 하고 문기는 눈을 감으며 한 마디 한 마디 그러나 똑똑하게 처음서부터 끝까지, 먼저 고깃간 주인이 일 원을 십 원으로 알고 거슬러 준 것, 그 돈을 써 버린 것, 그리고 또 붓장 안의 돈을 자기가 훔쳐 낸 것, 이렇게 하나하나 숨김없이 자백하자, 이때까지 겹겹으로 몸을 싸고 있던 허물이 한 꺼풀 한 꺼풀 벗어지면서 따라 마음속의 어둠도 차차 사라지며 맑아 가는

* 책보 책을 싸는 보자기.
* 무춤하다 놀라거나 어색한 느낌이 들어 갑자기 하던 짓을 멈추다.
* 가뜬하다 마음이 가볍고 상쾌하다.

것을 문기는 확실히 깨달을 수 있었다. 마음이 맑아지며 따라 몸도 가뜬해진다.* 내일도 해는 뜨고 하늘은 맑아지리라. 그리고 ㉠문기는 그 하늘을 떳떳이 마음껏 쳐다볼 수 있을 것이다.

– 현덕, 「하늘은 맑건만」

1 〈보기〉에 제시된 '선생님'의 질문에 대한 답을 쓰시오. [4점]

[보기]
선생님: 이 구절은 열거법과 반복법을 사용하여 문기의 갈등이 최고조에 이르렀음을 드러내고 있습니다. 이 구절을 이 글에서 찾아 7어절로 써 볼까요?

_____

▌문항 분석

제시된 설명에 해당하는 구절을 찾아 쓰는 문항이다. '열거법, 반복법 사용', '갈등의 최고조'라는 단서를 참고하여 '7어절'의 구절을 찾아 그대로 옮겨 써야 한다.

▶활동 Tip '열거법, 반복법'이 사용된 구절을 찾아보고, 해당 구절이 문기의 갈등 상태와 어떻게 관련되어 있는지 생각해 본다.

2 ㉠이 의미하는 바를 〈조건〉에 맞게 한 문장으로 서술하시오. [4점]

[조건]
• 문기의 심리(마음 상태) 변화와 관련하여 쓸 것.
• '죄책감'이라는 단어를 반드시 포함하여 쓸 것.

_____

▌문항 분석

특정 구절의 의미를 파악하는 문항이다. '문기의 심리 변화와 관련하여 서술', ''죄책감'이라는 단어 사용'이라는 두 가지 내용 조건, '한 문장'이라는 형식 조건이 제시되어 있다.

▶활동 Tip ㉠의 앞부분 내용, 특히 "마음속의 어둠도 차차 사라지며 맑아 가는 것"에 주목하여 ㉠의 의미를 생각해 본다.

[정답]
[다시 써 보기] 틀린 문제의 경우, 정답을 다시 써 보자.

_____

_____

산문 문학 ②

지문 개관

농촌을 배경으로, 집안의 배경이 다른 사춘기 남녀의 애정에 얽힌 이야기를 다룬 작품이다. 땅을 빌려 농사를 짓는 소작인의 아들인 '나'와 땅의 주인인 지주를 대신하여 소작인을 관리하는 마름의 딸인 점순이, 두 인물을 중심으로 사춘기 시골 소년과 소녀가 사랑에 눈뜨는 과정을 해학적으로 그리고 있다. 제시된 부분은 전개 부분으로, '나'가 점순이의 호의를 거절하여 갈등이 시작되는 장면이다.

계집애가 나물을 캐러 가면 갔지 남 울타리 엮는데 쌩이질*을 하는 것은 다 뭐냐. 그것도 발소리를 죽여 가지고 등 뒤로 살며시 와서

"얘! 너 혼자만 일하니?" / 하고 긴치 않은 수작*을 하는 것이다.

어제까지도 저와 나는 이야기도 잘 않고 서로 만나도 본척만척하고 이렇게 점잖게 지내던 터이련만 오늘로 갑작스레 대견해졌음은 웬일인가. 항차* 망아지만 한 계집애가 남 일하는 놈 보고……

"그럼 혼자 하지 떼루 하디?" / 내가 이렇게 내뱉은 소리를 하니까

"너 일하기 좋니?" / 또는 / "한여름이나 되거던 하지 벌써 울타리를 하니?"

잔소리를 두루 늘어놓다가 남이 들을까 봐 손으로 입을 틀어막고는 그 속에서 깔깔댄다. 별로 우스울 것도 없는데 날씨가 풀리더니 이놈의 계집애가 미쳤나 하고 의심하였다. 게다가 조금 뒤에는 즈 집께를 할금할금* 돌아다보더니 행주치마의 속으로 꼈던 바른손을 뽑아서 나의 턱 밑으로 불쑥 내미는 것이다. 언제 구웠는지 아직도 더운 김이 홱 끼치는 굵은 감자 세 개가 손에 뿌듯이 쥐었다.

[A]
"느 집엔 이거 없지?" / 하고 생색* 있는 큰소리를 하고는 제가 준 것을 남이 알면 큰일 날 테니 여기서 얼른 먹어 버리란다. 그리고 또 하는 소리가

"너 봄 감자가 맛있단다." / "난 감자 안 먹는다. 니나 먹어라."

나는 고개도 돌리려 하지 않고 일하던 손으로 그 감자를 도로 어깨 너머로 쑥 밀어 버렸다. / 그랬더니 그래도 가는 기색이 없고, 그뿐만 아니라 쌔근쌔근하고 심상치 않게 숨소리가 점점 거칠어진다. 이건 또 뭐야 싶어서 그때에야 비로소 돌아다보니 나는 참으로 놀랐다.

우리가 이 동리에 들어온 것은 근 삼 년째 되어 오지만 여지껏 가무잡잡한 점순이의 얼굴이 이렇게까지 홍당무처럼 새빨개진 법이 없었다. 게다 눈에 독을 올리고 한참 나를 요렇게 쏘아보더니 나중에는 눈물까지 어리는 것이 아니냐. 그리고 바구니를 다시 집어 들더니 이를 꼭 악물고는 엎더질 듯 자빠질 듯 논둑으로 횡하니 달아나는 것이다.

어쩌다 동리 어른이 / "너 얼른 시집을 가야지?" / 하고 웃으면

"염려 마서유. 갈 때 되면 어련히 갈라구……"

이렇게 천연덕스레 받는 점순이였다. 본시 부끄럼을 타는 계집애도 아니거니와 또한 분하다고 눈에 눈물을 보일 얼병이*도 아니다. 분하면 차라리 나의 등어리를 바구니로 한번 모질게 후려 쌔리고 달아날지언정. / 그런데 고약한 그 꼴을 하고 가더니 그 뒤로는 나를 보면 잡아먹으려고 기를 복복 쓰는 것이다.

– 김유정, 「동백꽃」

* **쌩이질** 한창 바쁠 때에 쓸데없는 일로 남을 귀찮게 구는 짓.
* **수작** 남의 말이나 행동, 계획을 낮잡아 이르는 말.
* **항차** 하물며.
* **할금할금** 곁눈으로 살그머니 계속 할겨 보는 모양.
* **생색** 다른 사람 앞에 당당히 나설 수 있거나 자랑할 수 있는 체면.
* **동리** 주로 시골에서, 여러 집이 모여 사는 곳. = 마을.
* **얼병이** '얼뜨기'의 방언. 겁이 많고 어리석으며 다부지지 못하여 어수룩하고 얼빠져 보이는 사람을 낮잡아 이르는 말.

1 다음은 윗글에 나타난 갈등 양상을 정리한 것이다. ㉠, ㉡에 들어갈 말을 본문에서 찾아 각각 2음절로 쓰시오. [4점]

점순이가 혼자 일하던 '나'에게 다가와 (㉠)을/를 주며 관심을 표현함. →	(㉡)내는 듯한 점순이의 말에 기분이 상한 '나'가 점순이의 마음을 모른 채 호의를 거절함. →	점순이가 마음에 상처를 입고 화를 내며 달아남.

▶문항 분석
사건 전개 과정을 바탕으로 갈등의 양상을 파악하는 문항이다. '2음절'의 단어를 지문에서 찾아 기호에 맞게 옮겨 써야 한다.

▶활동 Tip ㉠과 ㉡이 제시된 표 안의 내용을 살펴 지문에서 어느 부분에 해당하는지를 확인한다. 그리고 빈칸에 들어갈 2음절의 단어를 찾아본다.

| 서술형 쓰기 Tip | 기호나 번호를 통해 구분되는 답안을 요구하는 문제에서는 답안을 쓸 때 해당 기호나 번호를 표시하고 답안을 쓰는 것이 좋다. 그래야 어느 부분에 해당하는 답인지를 명확하게 할 수 있다.

2 [A]를 〈보기〉와 같이 서술자를 바꾸어 표현했을 때 나타나는 변화를 〈보기〉의 밑줄 친 부분을 바탕으로 하여 한 문장으로 서술하시오. [4점]

〈보기〉

　점순이는 "느 집엔 이거 없지?" / 하고 생색 있는 큰소리를 하고는 자기가 준 것을 남이 알면 큰일 날 테니 얼른 먹어 버리라고 말한다. 그리고 또 하는 소리가
　"너 봄 감자가 맛있단다." / "난 감자 안 먹는다. 니나 먹어라."
　기분이 상한 만식이는 고개도 돌리려 하지 않고 일하던 손으로 그 감자를 도로 어깨 너머로 쑥 밀어 버렸다. / 점순이는 자신의 호의가 거절당하자 몹시 화가 났다. 점순이의 숨소리가 점점 거칠어졌다. 그때에야 점순이를 돌아다본 만식이는 참으로 놀랐다.

▶문항 분석
1인칭에서 3인칭으로 시점이 바뀌었을 때 생기는 변화를 파악하는 문항이다. 〈보기〉의 밑줄 친 부분에 초점을 맞추라는 내용 조건, '한 문장'이라는 형식 조건이 제시되어 있다.

▶활동 Tip 〈보기〉의 밑줄 친 부분에 해당하는 부분을 [A]에서 찾아 비교하며 어떤 차이가 있는지 생각해 본다.

정답
다시 써 보기 틀린 문제의 경우, 정답을 다시 써 보자.

산문 문학 ③

지문 개관

'아홉'과 '열'이라는 수에 담긴 의미를 살펴보며 하나만 보태면 완전에 이를 수 있는, 아쉬움을 느끼게 하는 수 '아홉'이 미래의 꿈과 가능성을 담고 있어 이룰 것을 모두 이룩한 완전한 수 '열'보다 크다는 역설적인 인식을 드러낸 수필이다. '아홉'과 관련된 여러 표현을 들어 자신의 견해를 뒷받침하고, 다양한 표현 방법을 사용하여 말하고자 하는 바를 효과적으로 전달하고 있다.

아홉이란 수는 어떤 수입니까? 두말할 필요도 없이 열보다 하나가 모자라는 수입니다. 다시 말하면, 완전에 거의 다다른 수, 거기에 하나만 보태면 완전에 이르게 되는 수, 그래서 매우 아쉬움을 느끼게 하는 수인 것입니다.

그러면 아홉은 정녕 열보다 적거나 작은 수일까요? 그렇지 않습니다. 예를 들어 보겠습니다. / 끝없이 높고 너른 하늘을 십만 리 장천*이라고 하지 않고 구만리장천이라고 합니다. 젊은이더러 앞길이 구만리 같은 사람이라고 하는 말과 같은 뜻이지요. / 굽이굽이 한없이 서린 마음을 구곡간장이라고 하고, 굽이굽이 에워 도는 산굽이가 얼마인지 모르는 길을 구절양장이라고 하고, 통과해야 할 문이 몇이나 되는지 모르는 왕실을 구중궁궐이라고 하고, 죽을 고비를 수도 없이 넘기고 살아난 것을 구사일생이라고 표현하고 있습니다. [중략] 문화재로 남아 있는 탑들을 보면, 구 층 탑은 부지기수*로 많아도, 십 층 탑은 아직 보지 못하였습니다.

동양에서는, 그중에서도 특히 우리나라에서는, 오랜 옛날부터 열보다 아홉을 더 사랑했습니다. ㉮얼마나 사랑했으면 아홉 구 자가 두 번 든 음력 구월 구일을 중양절*이니, 중굿날이니 하는 이름으로 부르면서, 천 년이 넘도록 큰 명절로 정하고 쇠어 왔겠습니까.

우리의 조상들이 열보다 아홉을 더 사랑한 것은 무슨 까닭이었을까요? 간단히 말해서 모든 일에 완벽함을 기대하지 않았다는 뜻이 아니었을까요? 다시 말하면, 이 세상에 완전한 것은 없다는 사실을, 우리의 선조들은 아주 오랜 옛날부터 익히 알고 있었다는 것입니다. [중략]

열이란 수가 넘치지도 않고 모자라지도 않고, 또 조금도 여유가 없는 꽉 찬 수, 그래서 다음도 없고 다음다음도 없이 아주 끝나 버린 수라는 점에서, 아홉은 열보다 많고, 열보다 크고, 열보다 높고, 열보다 깊고, 열보다 넓고, 열보다 멀고, 열보다 긴 수였으며, 그리하여 다음, 또 그다음, 그도 아니면 그 다음다음을 바라볼 수 있는, 미래의 꿈과 그 가능성의 수였기에, 슬기롭고 끈기 있는 우리의 선조들에게 일찍부터 열보다 열 배도 넘는 사랑을 담뿍 받아 왔던 것입니다.

하물며 여러분은 지금 한창 자라고, 한창 배우고, 한창 놀아야 할 중학생입니다. 여러분은 지금 무엇 한 가지도 완벽할 수가 없으며, 항상 어딘가가 부족하고 어설픈 것이 오히려 정상적인 학생입니다. 행여* 무엇이 남들보다 모자란 것이 아닌가 싶어서 스스로 괴로워하고 외로워하고 서글퍼해 온 학생이 있다면, ㉯어떨까요, 이제부터라도 열이란 수보다 아홉이란 수를 더 사랑해 보는 것은.

– 이문구, 「열보다 큰 아홉」

* 장천 끝없이 잇닿아 멀고도 넓은 하늘.
* 부지기수 헤아릴 수가 없을 만큼 많음. 또는 그렇게 많은 수효.
* 중양절 세시 명절의 하나로 음력 9월 9일을 이르는 말. 이날 남자들은 시를 짓고 각 가정에서는 국화전을 만들어 먹고 놀았다.
* 행여 어쩌다가 혹시.

1 다음은 윗글의 제목에 사용된 표현 방법과 그 의미를 정리한 것이다. ㉠~㉢에 들어갈 말을 쓰시오. [3점]

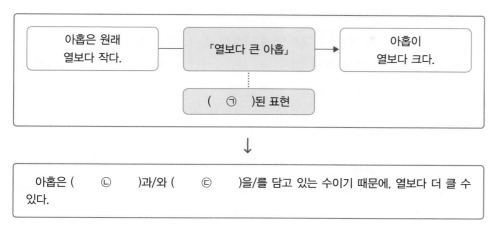

아홉은 원래 열보다 작다. → 「열보다 큰 아홉」 → 아홉이 열보다 크다.

(㉠)된 표현

↓

아홉은 (㉡)과/와 (㉢)을/를 담고 있는 수이기 때문에, 열보다 더 클 수 있다.

│문항 분석

글의 제목에 사용된 표현 기법과 그에 담긴 의미를 파악하는 문항이다. ㉠, ㉡, ㉢의 세 개의 답안을, 기호에 맞게 써야 한다.

▶**활동 Tip** 문제에 제시된 내용과 관련된 부분을 지문에서 찾아 빈칸에 들어갈 말을 찾거나 내용을 정리해 본다.

2 ㉮, ㉯에 사용된 표현 방법을 각각 쓰고, 이러한 표현 방법을 사용한 글쓴이의 의도를 추측하여 서술하시오. [4점]

| **서술형 쓰기 Tip** | 여러 항목의 내용을 한번에 묻는 경우에는 문제에서 요구하는 바를 순서대로 하나하나 쓰는 것이 좋다. 그래야 써야 할 내용을 빠뜨리지 않고 답안을 작성할 수 있다. 이 문제의 경우, 세 가지 요구 사항의 순서대로 "㉮에는 ~, ㉯에는 ~이 쓰였다. 이는 ~ 의도로(~하기 위한 것으로) 볼 수 있다." 등과 같이 쓸 수 있다.

│문항 분석

특정 부분에 사용된 표현 방법과 그에 담긴 의도(효과)를 파악하는 문항이다. 답안에서 써야 할 내용이 '㉮에 사용된 표현 방법, ㉯에 사용된 표현 방법, 글쓴이가 이 표현 방법을 사용한 까닭(의도)' 세 가지이다.

▶**활동 Tip** ㉮, ㉯를 일반적인 문장으로 고쳐 보고, 어떤 점에서 차이가 있는지를 살펴 표현의 효과, 글쓴이의 의도 등을 생각해 본다.

정답

다시 써 보기 틀린 문제의 경우, 정답을 다시 써 보자.

산문 문학 ④

지문 개관

일제 강점기에는 일본을 찬양하며 학생들을 지도하고, 해방 후에는 미국을 찬양하는 박 선생님의 이야기를 다룬 작품이다. 어린아이인 '나'가 박 선생님, 그리고 그와 대비되는 강 선생님을 관찰하는 방식으로 이야기를 전달하고 있으며, 인물의 외모와 행동 등을 과장하고 희화화하여 풍자하면서 기회주의적 삶에 대한 비판 의식을 드러내고 있다.

다른 학교에서도 다 그랬을 테지만 우리 학교에서도 그때 말로 '국어'라던 일본 말, 그 일본 말로만 말을 하게 하고 엄마 아빠 할 적부터 배운 조선말은 아주 한 마디도 쓰지 못하게 했다. / 그러나 주재소의 순사,* 면의 면 서기, 도 평의원을 한 송 주사, 또 군이나 도에서 연설하러 온 사람, 이런 사람들이나 조선 사람끼리 만나도 척척 일본 말로 인사를 하고 이야기를 했지, 다른 사람들이야 일본 사람과 만났을 때 말고는 다들 조선말로 말을 하고, 그래서 학교 문밖에만 나가면 만판* 조선말로 말을 하는 사람들이요, 더구나 집에 돌아가면 어머니, 아버지, 언니, 누나, 아기 모두들 조선말로 말을 했다. 그러니까 우리도 교실에서 공부를 하고 나와 운동장에서 우리끼리 놀고 할 때에는 암만해도 일본 말보다 조선말이 더 많이, 더 잘 나왔다.

학교에서고 학교 밖에서고 조선말로 말을 하다 선생님한테 들키는 날이면 경치는* 판이었다. 선생님들 중에서도 제일 심하게 밝히는 선생님이 뺌박 박 선생님이었다. 교장 선생님이나 다른 일본 선생님은 나무라기만 하고 마는 수가 있어도, 뺌박 박 선생님만은 절대로 용서가 없었다. / 나도 여러 번 혼이 나 보았다.

한번은 상준이 녀석과 어떡하다 쌈이 붙었는데 둘이 서로 부둥켜안고 구르면서 이 자식아, 저 자식아, 죽어 봐, 때려 봐, 하면서 한참 때리고 제기고* 하는 참이었다. / 그런데, 느닷없이

"고랏! 조셍고데 겡까 스루야쓰가 이루까(이놈아! 조선말로 쌈하는 녀석이 어딨어)."

하면서 구둣발길로 넓적다리를 걷어차는 건, 정신없는 중에도 뺌박 박 선생님이었다. / 우리 둘이는 그 자리에서 뺨이 붓도록 따귀를 맞았고, 공부 시간에 들어가지도 못하고 그 시간 동안 변소 청소를 했고, 그리고 조행* 점수를 듬뿍 깎였다.

이렇게 뺌박 박 선생님한테 제일 중한 벌을 받는 때가 언제냐 하면, 조선말로 지껄이다 들키는 때였다.

강 선생님은 그와 반대로 아무 시비가 없었다.

교실에서 공부를 할 때 빼고는 그리고 다른 선생님, 그중에서도 교장 이하 일본 선생님들과 뺌박 박 선생님이 보지 않는 데서는, 강 선생님은 우리한테, 일본 말로 말을 하지 않았다. 우리들이 일본 말을 해도 강 선생님은 조선말을 하곤 했다.

우리가 어쩌다 / "선생님은 왜 '국어(일본 말)'로 안 하세요?"

하고 물으면 강 선생님은 웃으면서

"나는 '국어'가 서툴러서 그런다." / 하고 대답했다.

그렇지만 우리가 보기에도 강 선생님은 일본 말이 서투른 선생님이 아니었다.

— 채만식, 「이상한 선생님」

*주재소 일제 강점기에, 순사가 머무르면서 사무를 맡아보던 경찰의 말단 기관.
*순사 일제 강점기에 둔, 경찰관의 가장 낮은 계급. 또는 그 계급의 사람. 지금의 순경에 해당한다.
*만판 다른 것은 없이 온통 한가지로.
*경치다 혹독하게 벌을 받다.
*제기다 팔꿈치나 발꿈치 따위로 지르다.
*조행 태도와 행실을 아울러 이르는 말.

1 〈보기〉의 밑줄 친 부분에 해당하는 구절을 본문에서 찾아 4어절로 쓰시오. [4점]

┌─[보기]───┐
│ '풍자'란 사실을 곧이곧대로 드러내지 않고 과장 또는 왜곡하거나 비꼬아서 표현하여 웃음을
│ 유발함으로써 현실의 부정적 현상이나 모순을 폭로하는 표현 기법을 말한다. 이 작품에서는 '박
│ 선생님'이 풍자의 대상이다. <u>학생 생활 지도에 있어서 본질은 따지지 않고 언어 사용 태도만 문</u>
│ <u>제 삼는 그의 언행</u>을 보여 주는 것은 일제 강점기의 부정적 현실을 폭로하는 것과 관련이 있다
│ 고 할 수 있다.
└──┘

┃**문항 분석**

작품에서 풍자가 사용된 부분을 찾는 문항이다. '4어절'의 구절을 지문에서 찾아 그대로 옮겨 써야 한다.

▶ **활동 Tip** 학생들을 지도하는 박 선생님의 말이나 행동 가운데 조선말 또는 일본 말과 관련된 것을 찾아본다.

(논술형)

2 일본 말 사용에 대한 '강 선생님'의 태도를 〈조건〉에 맞게 서술하시오. [6점]

┌─[조건]───┐
│ • 일본 말 사용에 대한 '박 선생님'의 태도와 대비하여 쓸 것.
│ • '강 선생님'의 민족의식과 관련지어 쓸 것.
└──┘

┃**문항 분석**

작품 속 인물의 태도와 가치관을 파악하는 문항이다. '일본 말 사용에 대한 박 선생님의 태도와 대비', '강 선생님의 민족의식과 연결'이라는 두 가지 내용 조건이 제시되어 있다.

▶ **활동 Tip** 일본 말 사용에 대한 박 선생님과 강 선생님의 태도 (긍정적인가 부정적인가, 적극적인가 소극적인가 등)를 살펴보고 어떤 차이가 있는지, 왜 그러한지를 생각해 본다.

| **서술형 쓰기 Tip** | 어떤 대상 또는 사물을 대비하여 서술할 때에는 "～은 ～(하)지만, ～은 ～(하)다"와 같은 형식으로 쓰는 것이 대상 간의 차이점을 표현하기에 효과적이다. 또는 '～와 달리' 등과 같은 표현을 활용할 수도 있다.

정답

다시 써 보기 틀린 문제의 경우, 정답을 다시 써 보자.

산문 문학 ⑤

지문 개관

가난한 한 양반이 관아에서 빌린 곡식을 갚지 못하자 부자가 그것을 대신 갚아 주며 양반 신분을 사고, 군수로부터 매매 증서를 받는 이야기를 다룬 작품이다. 이 과정에서 군수는 부자에게 첫 번째로는 양반이 지켜야 할 덕목과 의무, 두 번째로는 양반이 누릴 수 있는 특권과 관련된 내용의 증서를 작성하여 건네는데, 이를 통해 조선 후기 몰락하는 양반들의 경제적 무능함, 그리고 허례허식과 특권 의식으로 가득 찬 양반의 모습을 비판하고 있다.

가 "어떤 놈의 양반이 군량미를 이렇게 축낸 것이냐?" / 관찰사[*]는 군수에게 그 양반을 잡아들이라 명하였다. [중략] 이 소식을 들은 양반은 아무 대책이 없었기에 그저 눈물만 흘리고 있었다. 그 모습을 지켜보던 그의 아내가 남편에게 한마디 했다.

㉠"당신은 평생 글만 읽더니 관곡[*]도 못 갚는 처지가 되었구려. 양반, 양반 하더니 그놈의 양반이라는 게 한 푼어치도 못 되는 것이구려!"

마침 이 고을에는 부자 한 사람이 살고 있었는데 상황이 난처해진 양반의 얘기를 듣고는 식구들과 함께 이 일에 관해 의논하기 시작했다.

"아무리 가난해도 양반이라 하면 사람들은 그를 존경하는데 우리는 아무리 돈이 많아도 늘 천대받고 살지 않느냐. [중략] 한데 지금 이 고을에 한 양반이 관곡을 갚지 못해 감옥에 갈 처지라니 더 이상 양반 자리는 지키지 못할 형편인 것 같구나. 그래서 하는 말인데 내가 그 양반 대신 빚을 갚아 주고 양반의 신분을 사려 하는데 어떻겠느냐?"

나 "양반이라는 게 겨우 이것뿐이란 말입니까? 듣기에 양반은 신선이나 마찬가지라 하던데 겨우 이것뿐이라면 그 많은 곡식을 바치고 산 게 너무 억울합니다. 그러니 좀 더 좋은 쪽으로 고쳐 주십시오."

그러자 군수는 부자의 요청대로 ㉡증서를 고쳐 쓰기 시작했다.

하늘이 백성을 낳으실 때 네 종류로 나누었다. 이 중에 가장 귀한 것이 선비, 즉 양반인데 이보다 더 좋은 것은 없다. 양반은 농사짓지 않아도 되고 장사하지 않아도 된다. 글공부만 조금 하면 과거를 치를 수 있는데, 크게 되면 문과요, 못 돼도 진사[*]는 된다. / 문과에 급제하면 홍패[*]를 받는데, 비록 길이가 두 자도 못 되는 작은 종이지만 이것만 있으면 세상의 온갖 것을 다 얻을 수 있으니 돈 자루라 할 수 있다. 나이 서른에 첫 벼슬길에 올라도 집안이 좋으면 이름을 드높일 수 있으며, 남인[*]에게 잘 보이면 고을의 수령직에도 오를 수 있다. 그렇게 되면 늘 양산을 쓰고 다니기에 귀밑머리는 하얘지고, '예이!' 하는 종놈들의 대답을 듣다 보면 안 먹어도 배가 부르다. 방 안에 떨어진 귀걸이는 어여쁜 기생의 것이고, 뜰에 떨어져 있는 곡식은 학을 위한 것이다. / 설사 가난한 선비가 되어 시골에 산다 해도 마음대로 살 수 있다. 이웃집 소를 가져다 자기 밭을 먼저 갈 수 있으며, 마을 사람을 불러 자기 밭의 김을 먼저 매게 할 수도 있다. 만약 어떤 놈이 이에 불만을 품거나 말을 잘 듣지 않으면 코에 잿물을 들이붓고, 상투를 잡으며 귀얄수염[*]을 뽑더라도 원망할 수 없다.

* **관찰사** 조선 시대에 둔, 각 도의 으뜸 벼슬. 그 지방의 경찰권·사법권·징세권 따위의 행정상 절대적인 권한을 지녔다.
* **관곡** 국가나 관청에서 가지고 있는 곡식.
* **진사** 조선 시대에, 과거의 예비 시험인 소과(小科)의 이 차 시험에 합격한 사람에게 준 칭호. 또는 그런 사람.
* **홍패** 문과에 급제한 사람에게 주던 합격 증서.
* **자** 길이의 단위. 한 자는 약 30.3cm에 해당한다.
* **남인** 조선 선조 때부터 후기까지 사상과 이념의 차이로 분화하여 나라의 정치적인 판국을 좌우한 네 당파(노론, 소론, 남인, 북인) 중의 하나.
* **귀얄수염** 숱이 많고, 풀이나 옻을 칠할 때에 쓰는 솔처럼 길게 드리운 수염.

군수가 증서를 반쯤 고쳐 쓸 때쯤 부자는 어이가 없다는 듯 혀를 내두르며 말했다.

"제발 그만두십시오! 양반이라는 건 참으로 맹랑한 것이구려. 당신들은 지금 나를 도둑놈으로 만들 작정이시오?"

– 박지원, 「양반전」

1 ㉠에서 알 수 있는 당시 '양반'의 모습을 30자 내외(띄어쓰기 포함)로 쓰시오. [4점]

문항 분석

당시의 사회상을 추론하는 문항이다. '30자 내외'라는 분량 조건이 제시되어 있다.

▶**활동 Tip** ㉠에 드러난 양반의 처지, 아내의 평가를 통해 당시 양반의 모습을 추론해 본다.

(논술형)

2 이 글을 통해 알 수 있는 '양반'에 대한 작가의 태도를 〈조건〉에 맞게 서술하시오. [6점]

┌─(조건)─
· '양반'에 대한 작가의 태도를 명확하게 밝힐 것.
· ㉡에 담긴 핵심 내용을 요약하여 근거로 삼을 것.
· ㉡의 내용을 접한 '부자'의 말 중 '양반'에 대한 인식이 단적으로 드러난 단어를 인용할 것.
· "작가는 양반에 대해 ~ 태도를 보이고 있다. 이는 ~에서 간접적으로 드러난다."의 형식으로 쓸 것.

문항 분석

양반 계층에 대한 작가의 태도를 파악하는 문항이다. '작가의 태도', '증서의 핵심 내용', "양반'에 대한 인식이 단적으로 드러나는 '부자'의 말" 등 세 가지 내용 조건, 그리고 문장 형식과 관련한 형식 조건이 제시되어 있다.

▶**활동 Tip** '증서'에 묘사된 양반의 모습, 그리고 이를 본 '부자'가 '양반'을 어떻게 인식하는지 살펴본다. 이를 바탕으로 '양반'에 대한 작가의 태도가 긍정적인지 부정적인지 판단해 본다.

| 서술형 쓰기 Tip | 조건이 여러 개 제시되는 문항은 조건을 확인하면서 핵심 단어를 떠오르는 대로 적어 두는 것이 좋다. 이 문제에서는 첫 번째 조건에 "부정적", 두 번째 조건에 "양반의 ○○ 의식", 세 번째 조건에 "○○○" 등과 같은 단어를 적어 볼 수 있다. 이렇게 하면 조건을 놓치지 않고 답안을 쓰는 데 도움이 된다.

정답
다시 써 보기 틀린 문제의 경우, 정답을 다시 써 보자.

비문학 ①

지문 개관

사람들이 자기의 판단에 부합하는 정보만 선택적으로 받아들이며 자신의 판단을 확신하는 '가설 검증 바이어스'에 대해 설명한 글이다. 다른 사람에 대한 첫인상, 혈액형 심리학 등 선입견과 편견을 강화하는 가설 검증 바이어스와 관련된 구체적인 사례와 연구 결과를 들어 독자의 이해를 돕고 있다.

사람들이 첫인상을 형성할 때에 사용하는 정보는 대단히 제한적이다. 쓸 수 있는 정보라고는 기껏해야 상대의 외모, 목소리 정도에 지나지 않는다. 그런데도 사람들은 상대의 첫인상을 무리 없이 형성한다. 무리가 없는 정도가 아니라 첫인상으로 상대의 모든 것을 판단하려 든다. 얼굴 모습과 체격, 키 등의 겉모습과 몸짓, 말투라는 극히 제한된 정보로 상대의 성격까지도 판단해 버린다.

사람들은 왜 극히 제한된 정보를 바탕으로 형성된 첫인상을 바꾸려 들지 않을까? 여기에는 여러 가지 이유가 있겠지만 가장 중요한 이유는 우리들 마음속에 있는 '가설* 검증 바이어스*' 때문이다.

사람들은 누군가의 첫인상을 형성하고 난 다음에는 자신이 내린 판단이 옳다는 것을 증명하는 정보만 선택적으로 받아들인다. 자신이 내린 판단에 들어맞지 않는 정보는 무시하거나, 받아들이더라도 쉽게 잊어버린다. 사람들은 이러한 과정을 거듭해 가면서 자기의 생각이 옳다고 제멋대로 확신해 버린다. 이러한 현상을 사회 심리학에서는 '가설 검증 바이어스'라고 부른다.

가설 검증 바이어스를 입증*한 연구에는 여러 가지가 있는데, 그 가운데 사회 심리학자 스나이더와 스완의 실험이 대표적이다. 이들은 한 실험에서 실험 대상자인 대학생들에게 외향적(혹은 내향적)인 사람들의 특징을 적은 카드를 주고, 이제부터 만나게 될 사람의 성격을 판단해 달라고 했다. 그러고 나서 상대가 외향적인 성격임을 증명하는 질문과 내향적인 성격임을 증명하는 질문 26개를 보여 주고, 앞으로 만나게 될 사람을 판단하는 데 도움이 될 것 같은 질문 12개를 앞서 보여 준 26개의 질문 중에서 선택하게 했다. 실험 결과, 대학생들은 상대의 성격이 외향적인가 내향적인가를 먼저 판단한 다음, 그것을 증명하는 질문을 선택하였다. '가설 검증 바이어스'의 존재가 입증된 것이다.

이러한 '가설 검증 바이어스'는 첫인상뿐만 아니라 우리의 생활 전반에 영향을 미치고 있다. 혈액형에 따라 성격을 설명하는 '혈액형 성격학'이 들어맞는 것처럼 여겨지는 주된 이유 역시 '가설 검증 바이어스' 때문이다. 사람들은 상대의 혈액형에 부합*한다고 여겨지는 성격이나 행동만을 의도적으로 수집하고, 또 그것들이 축적된 결과 혈액형이 성격과 관련이 있다고 믿게 된다. 가령 A형인 사람의 경우 내성적이고 소심하다는 것을 입증할 수 있는 정보만을 받아들인다. A형의 사람이 대범하게 행동하는 것을 보더라도 대수롭지 않게 받아들이고, 그것은 곧 기억에서 사라진다. 기억에 남는 것은 내성적이고 소심한 행동뿐이다 보니 혈액형 성격학이 맞는 것처럼 여겨지는 것이다.

— 이철우, 「관계는 첫인상부터 시작된다」

* **가설** 어떤 사실을 설명하거나 어떤 이론 체계를 연역하기 위하여 설정한 가정.
* **바이어스(bias)** 편견. 공정하지 못하고 한쪽으로 치우친 생각.
* **입증** 어떤 증거 따위를 내세워 증명함.
* **부합** 사물이나 현상이 서로 꼭 들어맞음.

1 다음은 윗글을 바탕으로 첫인상과 관련된 내용을 정리한 것이다. ㉠, ㉡에 들어갈 말을 본문에서 찾아 쓰시오. [4점]

▶문항 분석
글의 내용을 요약하는 문항이다. ㉠, ㉡에 들어갈 말을 지문에서 찾아 기호에 맞게 써야 한다.

▶활동 Tip 지문에서 '첫인상의 형성 과정', '첫인상을 바꾸려 하지 않는 까닭'과 관련된 부분을 살펴보며 빈칸에 들어갈 내용(단어)을 찾아본다.

첫인상의 형성 과정
겉모습과 몸짓, 말투 등 극히 (㉠)된 정보를 바탕으로 형성됨.

→

첫인상을 바꾸려 하지 않는 까닭
'가설 검증 바이어스'

자신이 내린 판단이 옳다는 것을 증명하는 정보만 (㉡)(으)로 받아들임.

2 〈보기〉는 윗글의 뒷부분에 이어질 내용을 작성해 본 것이다. 윗글의 내용을 참고하여 밑줄 친 부분에 들어갈 적절한 내용을 서술하시오. [4점]

▶문항 분석
글의 결론을 추론하여 정리하는 문항이다. '가설 검증 바이어스(중심 화제)와 관련하여 글쓴이가 말하고자 하는 바 제시'라는 내용 조건, "'우리는'을 주어로 하는 문장'이라는 형식 조건이 제시되어 있다.

▶활동 Tip 제한된 정보를 바탕으로 형성된 첫인상을 바꾸지 않으려는 데 작용하는 '가설 검증 바이어스'에 대한 글쓴이의 태도를 살펴보며 글쓴이가 독자들에게 어떤 태도를 취할 것을 요구할지 추측해 본다.

〔보기〕

　　이처럼 첫인상은 여러 측면이 있을 수 있는 상대의 성격을 제한된 정보만을 가지고 자신의 잣대로 재단하여 마음대로 형성한다는 점에서 위험하다. 이 모두가 '가설 검증 바이어스' 때문임은 두말할 필요가 없다. 그러므로 ＿＿＿＿＿＿＿＿＿＿＿＿＿＿＿

〔조건〕
• '가설 검증 바이어스'와 관련하여 글쓴이가 말하고자 하는 바를 밝힐 것.
• '우리는'을 주어로 하는 문장으로 쓸 것.

정답
다시 써 보기 틀린 문제의 경우, 정답을 다시 써 보자.

비문학 ②

지문 개관

남극과 북극의 지역적 특징, 기후 조건, 서식 동물 등의 차이에 대해 설명한 글이다. 겉으로는 비슷해 보이는 남극과 북극이 어떤 점에서 다른지를 지역 형성 방법, 기후 및 서식 동물의 차이 등을 들어 구체적으로 설명하고 있다.

지구상에서의 다양한 열 순환에도 불구하고 따뜻한 태양 에너지를 넉넉하게 받지 못하는 소외된 땅이 바로 남극과 북극이다. 이 두 지역은 겉으로는 비슷해 보이지만 서로 전혀 다른 특징을 갖고 있다.

남극은 대륙이지만 북극은 대륙이 아니다. 남극은 오랜 세월에 걸쳐 쌓인 눈이 단단하게 굳어져 생긴 두께 2km에 이르는 거대한 얼음덩어리가 표면의 98%가량을 덮고 있는 곳이다. 반면에 북극은 아시아와 아메리카 대륙으로 둘러싸인 거대한 북극해 주변의 바닷물이 얼어서 된 거대한 얼음덩어리가 떠 있는 것이다. 물론 해수면 위로 보이는 빙하는 전체 얼음덩어리의 10% 정도에 불과하다. '빙산의 일각'이라는 표현은 여기에서 나온 것이다.

이처럼 서로 다른 지역적 특징은 두 지역의 기후 조건에도 많은 영향을 미친다. 남극과 북극 가운데 어디가 더 추울까? 남극이 훨씬 춥다. 북극은 주변에 있는 바다 등에서 흘러들어오는 따뜻한 해류*의 영향을 받는다. 얼음덩어리보다 상대적으로 온도가 높은 바다에서 상승하는 따뜻한 공기의 흐름으로 겨울에는 최저 영하 30~40℃까지 내려가지만, 여름에는 영상 10℃ 정도로 비교적 따뜻한 편이다. 반면 남극은 쉽게 데워지고 쉽게 식는 땅이 아래쪽에 있어서 한겨울에 해당하는 8월 말 무렵이면 높은 곳에서는 기온이 영하 70℃ 가까이 내려간다. 역사상 최저 기온은 영하 89℃였다.

또한 펭귄은 남극에서 볼 수 있고, 북극곰은 북극에서만 산다. 왜 펭귄은 남극에서만 살까? 펭귄은 여러 종이 있으나 대부분 남극을 비롯한 남반구에서 산다. 주로 해안가에서 구멍을 파고 사는 펭귄들은 작은 돌 조각들을 이용하여 둥지를 만든다. 얼음으로 덮여 있는 벌판에서 구할 수 있는 돌 조각은 태양열을 흡수하여 체온을 따뜻하게 유지할 수 있는 유일한 물질이다. 펭귄이 주로 남극에 사는 이유는 남극이 아메리카 대륙에서 분리되기 전에 살던 조류의 일부가 추위에 적응하기 위해 현재의 펭귄으로 진화하였기 때문으로 보고 있다.

반면 북극곰이 북극에서만 살게 된 것은 북극이 북반구의 대륙에서 가까운 곳이기 때문이다. 대륙에 살던 곰이 넘어가 살게 되었을 가능성이 매우 크다. 지금도 유빙*을 타고 이동하는 북극곰이 있다고 하니 북극해 주변의 얼음덩어리는 북극곰의 이동 수단으로 볼 수 있다. 그렇다고 곰이 얼음덩어리를 타고 남극 대륙까지 갈 수는 없다. 하지만 펭귄 같은 조류는 상대적으로 남극 대륙으로 이동하기가 더 쉬웠다. 그래서 북극곰은 있지만 남극 곰은 없고, 남극 펭귄은 있지만 북극 펭귄은 없는 것이다.

– 고현덕 외, 「남극과 북극, 어떤 점에서 다를까」

* 해류 일정한 방향과 속도로 이동하는 바닷물의 흐름.
* 유빙 물 위에 떠내려가는 얼음덩이.

1 윗글의 주제문을 〈조건〉에 맞게 쓰시오. [4점]

━〈조건〉━
• 글의 전체 내용을 아우를 수 있는 주제문을 본문에서 찾아 주어를 '남극과 북극은'으로 교체
  하여 한 문장으로 쓸 것.

| 서술형 쓰기 Tip | 비문학 지문에서는 글의 중심 내용을 요약하라는 문제가 자주 출제된다. 이 문제도 이러한 성격의 문항이다. 일반적으로 글의 중심 내용은 처음(두괄식) 부분이나 끝(미괄식) 부분에 요약적으로 제시되는 경우가 많다. 따라서 글이나 문단의 처음과 끝 부분을 살펴보면서 중심 문장을 찾아 이를 다듬는 것이 효과적이다.

| 문항 분석

글의 핵심 내용을 담은 중심 문장을 찾는 문항이다. 여기에 주어를 '남극과 북극은'으로 바꾸어 '한 문장'으로 쓰라는 형식 조건이 제시되어 있다.

▶ **활동 Tip** 이 글은 남극과 북극의 차이를 지역적·기후적·생태적 측면에서 살펴보고 있다. 이러한 중심 내용을 압축적으로 표현한 문장을 찾아본다.

2 남극과 북극의 차이점을 〈조건〉에 맞게 비교하여 서술하시오. [4점]

━〈조건〉━
• 지역적·생태적 측면에서의 남극과 북극의 차이를 비교할 것.
• 지역적 차이는 '대륙'이라는 단어를 반드시 포함하여 쓸 것.
• 생태적 차이는 구체적인 서식 동물의 명칭을 밝혀 쓸 것.

| 문항 분석

글의 중심 화제 두 가지를 비교하는 문항이다. '지역적·생태적 측면에서의 차이 제시', "대륙'이라는 단어 사용', '구체적인 서식 동물의 명칭 포함'이라는 복합적인 내용 조건이 제시되어 있다.

▶ **활동 Tip** 글에서 '대륙'이라는 단어가 사용된 부분, 동물의 명칭이 언급된 부분을 찾아보고, 이를 바탕으로 남극과 북극이 지역적·생태적 측면에서 어떤 차이가 있는지 정리해 본다.

정답
다시 써 보기 틀린 문제의 경우, 정답을 다시 써 보자.

비문학 ③

지문 개관

문이 열리는 방향에 담긴 건축의 원리에 대해 설명한 글이다. 기능적 측면에서 볼 때, 건축에서 문의 방향을 결정짓는 요소에는 공간 활용, 비상시 대피, 행동 과학이 있음을 들고, 이를 바탕으로 현관문은 바깥쪽으로, 방문과 은행 문은 안쪽으로 열리는 까닭을 설명하고 있다.

가 문이 열리는 방향은 왜 다른 것일까? 그리고 무엇을 기준으로 안과 밖으로 나뉘는 것일까? 여기에는 다양한 변수*가 작용한다. 그러나 이를 기능적인 측면으로만 국한*했을 때, 건축에서 문의 방향을 결정짓는 요인은 크게 세 가지 정도로 꼽을 수 있다. 첫째는 공간의 활용, 둘째는 비상시의 대피, 셋째는 행동 과학이 그것이다.

나 집의 안과 밖을 연결해 주는 통로인 현관문은 보통 바깥쪽으로 열리는데, 주거 형식이 아파트냐 아니냐에 따라 문의 방향을 결정짓는 요인이 다르다. 아파트를 제외한 ㉠주택에서 현관문의 여닫는 방향을 결정하는 요인은 공간 활용의 측면이 강하다. 신발을 신고 실내로 들어가는 외국과 달리 우리나라에서는 신발을 벗고 실내로 들어간다. 즉, 신발을 벗어 둘 공간이 필요한 것이다. 만약 현관문이 안쪽으로 열린다면 문을 열 때마다 현관의 신발들이 이리저리 쓸려 다닐 것이다.

반면에 ㉡아파트 현관문의 여닫는 방향을 결정하는 요인은 건물 내의 화재 같은 비상시 대피의 측면이 강하다. 아파트는 여러 세대가 밀집*해서 사는 공동 주택이다. 이러한 아파트에 사고가 난다면 많은 사람이 동시에 재난을 당할 수 있다. 그렇기 때문에 문의 여닫는 방향은 사람들의 대피가 수월하도록 반드시 피난 방향으로 열리게 법으로 규정하고 있다. 즉, 아파트의 현관문은 사람들이 들어오는 것보다는 나가는 것에 더 큰 관심을 가지고 있음을 의미한다.

이와 비슷한 예는 극장이나 공연장같이 사람들이 동시에 많이 모이는 장소에서 찾을 수 있다. 혹시 극장에서 안쪽으로만 열리는 문을 본 적이 있는가? ㉢극장 문은 보통 바깥쪽으로 열리도록 되어 있으며, 가끔은 안팎으로 열리는 문도 있지만 안쪽으로만 열리는 문은 없다. 이는 비상시 많은 사람이 한꺼번에 밖으로 대피하기 쉽도록 문의 방향을 바깥쪽으로 향하게 한 것이다.

다 우리가 일상생활에서 가장 많이 사용하는 문은 방문(房門)일 것이다. 방문은 보통 안쪽으로 열리는데, 그 결정 요인은 공간 활용과 행동 과학의 측면에서 이해할 수 있다. 보통 방과 방은 거실을 중심으로 연결되어 있다. 그런데 방문이 모두 거실 쪽(방 바깥쪽)으로 열린다면 거실은 활용할 수 있는 공간이 아니라 좀 큰 복도가 되어 버릴 것이다.

그럼 행동 과학의 측면에서 보면 어떨까? 간단한 일상의 예로 이해해 보자. 민형이 어머니는 밤늦도록 공부하는 수험생 아들을 위해 간식을 준비하고 아들의 방문을 노크한다. 그 순간 방 안에서 공부하던 민형이는 졸음을 떨치려고 방문을 열고 나온다. 문이 바깥쪽으로 열린다면 민형이는 방문 앞의 어머니와 부딪치게 될 것이

* **변수** 어떤 상황을 바꾸거나 바뀌게 할 수 있는 요인.
* **국한** 범위를 일정한 부분에 한정함.
* **밀집** 빈틈없이 빽빽하게 모임.

다. 이와 같은 사례로 알 수 있듯이 방문을 안쪽으로 열리도록 한 것은 방문이 열릴 때 방 밖에 있을지도 모르는 사람을 배려하기 위한 것이다.

– 이재인, 「은행 문은 왜 안쪽으로 열릴까」

1 ㉠~㉢이 열리는 문의 방향을 밝히고, 각각의 문이 열리는 방향이 결정된 요인을 윗글에 제시된 표현을 사용하여 서술하시오. [4점]

_____

_____

_____

문항 분석

글의 내용을 제대로 이해했는지를 확인하는 문항이다. 문의 방향이 결정된 요인을 '글에 제시된 표현을 사용'하여 서술하라는 내용 조건이 제시되어 있다.

▶**활동 Tip** ㉠~㉢이 안과 밖 가운데 어느 방향으로 열리는지, 그리고 그 까닭이 (가)에 제시된 세 가지 요인 가운데 어느 것과 관련이 있는지 확인한다.

2 윗글의 내용을 바탕으로 〈보기〉의 '은행 문'은 어떤 요인에 따라 어느 방향으로 열리는 것이 적절한지 구체적인 이유를 밝혀 서술하시오. [4점]

┌─[보기]──────────────────────────────┐
│ 은행에서도 화재는 일어날 수 있고, 많은 사람이 출입하는 공공의 장소이기 때문에 대피에 대한 관심을 완전히 배제할 수 없다. 그러나 대부분의 은행은 1층에 위치하여 외부로 대피하기 쉽게 자리 잡고 있다. 따라서 도난으로부터의 안전에 주된 관심을 두고 은행 문의 여닫는 방향을 결정할 수 있다.
└────────────────────────────────────┘

┌─[조건]──────────────────────────────┐
│ • "은행 문은 ~의 측면에서 볼 때 ~ 방향으로 열리는 것이 적절하다. 왜냐하면 ~ 때문이다." 의 형식으로 쓸 것.
└────────────────────────────────────┘

_____

_____

_____

문항 분석

글의 핵심 내용을 정확히 이해하고, 이를 다른 상황에 적용해 보는 문항이다. 문장 형식과 관련한 형식 조건이 제시되어 있다.

▶**활동 Tip** 〈보기〉를 바탕으로 은행 문의 방향을 결정하는 데 가장 염두에 두어야 할 점이 무엇인지 살펴본다. 그런 다음 그것이 어떤 요인과 관련되는지 생각해 본다.

정답
다시 써 보기 틀린 문제의 경우, 정답을 다시 써 보자.

....

....

비문학 ④

지문 개관

세금의 기능과 종류, 특성에 대해 설명한 글이다. 정부나 지방 공공 단체가 국민이나 주민에게 걷는 세금을 납부 방식에 따라 직접세와 간접세로 나누고, 정의, 예시, 대조 등 다양한 설명 방법을 활용하여 각각의 개념과 특성을 체계적으로 설명하고 있다.

세금은 국가나 지방 공공 단체가 국민이나 주민에게 걷는 돈이다. 세금은 어른들만 내는 것이라는 일부의 생각과 달리 우리 모두가 세금을 내고 있다.

모든 국민이 세금을 내야 하는 까닭은 무엇일까? 그것은 국가가 국민을 위해 어떤 일을 하려면 돈이 필요하기 때문이다. 도로, 공원, 상하수도 시설 등 공공시설을 만들 때도 돈이 필요하고, 무상 교육을 실시하거나, 의료 보험이나 실업 보험과 같은 사회 보장 제도를 운용하는 일에도 돈이 들어간다. 이때 쓰이는 돈이 바로 국민들이 내는 세금에서 나온다. 즉, 세금은 정부가 국가를 운영하기 위해 꼭 필요한 재원*이다.

세금은 그것을 납부하는 방식에 따라 직접세와 간접세로 나눌 수 있다. 직접세는 세금을 내야 하는 의무가 있는 사람과 실제로 그 세금을 내는 사람이 일치하는 세금으로, 소득세,* 법인세,* 재산세, 상속세 등이 직접세에 해당한다. / 조금 더 자세히 살펴보면, 직접세는 소득이나 재산에 따라 누진적*으로 적용되는 경우가 많다. 즉, 소득이 많은 사람은 세율이 높아 세금을 많이 내고 소득이 적은 사람은 세율이 낮아 세금을 적게 내는 식이다. 그렇기 때문에 직접세는 소득 격차를 줄이고 소득을 재분배하는 효과가 있다. 그러나 직접세를 걷는 입장에서는 모든 사람의 소득이나 재산을 일일이 조사하여 그에 따라 세금을 거두어야 한다는 번거로움이 있다.

간접세는 세금을 내야 하는 의무가 있는 사람과 실제로 그 세금을 내는 사람이 다른 세금이다. 부가 가치세*를 비롯하여 개별 소비세,* 인지세* 등이 간접세에 해당한다. / 간접세는 소득이나 재산에 상관없이 모두에게 똑같이 적용된다. 예를 들어 음료수를 사 마실 때, 소득이 많은 사람이든 소득이 적은 사람이든 동일한 음료수를 산다면 모두 똑같은 세금을 내고 있는 셈이다. 그렇기 때문에 간접세를 걷는 입장에서는 편리하게 세금을 걷을 수 있다. 하지만 간접세는 같은 액수의 세금이라도 소득이 적은 사람에게는 소득에 비해 내야 할 세금의 비율이 높아지기 때문에 소득이 적은 사람일수록 세금에 대한 부담감이 커진다는 문제점이 있다.

지금까지 국가가 세금으로 하는 일과 세금의 종류인 직접세와 간접세의 특성을 알아보았다. 중학생인 여러분도 학용품이나 과자를 살 때 물건 가격에 포함된 부가 가치세를 내고 있으며, 앞으로 소득이나 재산이 생기면 그에 따른 소득세나 재산세를 낼 것이다. 이러한 세금은 우리가 살아가는 사회 공동체를 위해 쓰이며 우리 생활과 밀접하게 관련을 맺고 있다. 그러므로 세금을 내는 것은 행복한 삶을 누리기 위한 우리의 의무이다. 국민의 한 사람으로서 세금에 좀 더 관심을 가져 보는 것은 어떨까.

– 조준현, 「중학생인 나도 세금을 내고 있다고?」

* **실업 보험** 실업의 결과로 생기는 근로자의 경제상의 손실을 보상하는 사회 보험의 하나.
* **재원** 재화나 자금이 나올 원천.
* **소득세** 개인이 한 해 동안 벌어들인 돈에 대하여 액수별 기준에 따라 매기는 세금.
* **법인세** 사단이나 재단 등 법인의 소득 따위에 부과하는 세금.
* **누진적** 가격, 수량 따위가 더하여 감에 따라 상대적으로 그에 대한 비율이 점점 높아지는 것.
* **부가 가치세** 거래 단계별로 상품이나 용역에 새로 부가하는 가치. 곧, 이익에 대해서만 부과하는 일반 소비세.
* **개별 소비세** 사치성이 높은 물품의 소비를 억제하고 세금의 부담을 공정하게 하기 위하여 매기는 세금.
* **인지세** 재산권의 창설, 이전, 변경, 소멸을 증명하거나 재산권에 관한 승인을 증명하는 문서에 대해서 부과하는 세금.

1 윗글에서 '세금'의 개념을 서술한 문장 두 개를 찾아 쓰시오. [4점]

- _____

- _____

┃문항 분석

글의 중심 화제가 지닌 개념을 파악하는 문항이다. 해당 부분 두 곳을 찾아 지문에 제시된 그대로 옮겨 써야 한다.

▶**활동 Tip** 글의 중심 화제인 '세금'의 개념을 서술한 부분을 찾아 표시해 본다.

2 윗글에서 '세금'에 대한 정보를 효과적으로 전달하기 위해 어떤 설명 방법을 사용하고 있는지 〈조건〉에 맞게 서술하시오. [6점]

┌─**(조건)**───┐
│ • '세금'의 개념과 종류, 직접세와 간접세의 차이를 설명하는 데 사용된 주된 설명 방법의 정확 │
│   한 명칭을 밝힐 것. │
│   – 단, 설명 방법은 '정의, 분석, 구분, 비교, 대조, 인과' 가운데 고를 것. │
│ • 해당 설명 방법이 각각 어떤 내용을 설명하는 데 사용되었는지 밝힐 것. │
└───┘

_____

_____

┃문항 분석

글에 사용된 다양한 설명 방법을 파악하는 문항이다. 여러 가지 설명 방법에 대한 기본적인 지식을 갖추고 있어야 한다.

▶**활동 Tip** 세금의 개념, 종류, 직접세와 간접세의 차이에 대해 설명한 부분을 찾고, 해당 부분에서 어떤 설명 방법이 사용되었는지 확인한다.

정답
다시 써 보기 틀린 문제의 경우, 정답을 다시 써 보자.

....

....

비문학 ⑤

지문 개관

정보화가 삶의 질을 높이고, 정치에 대한 국민의 참여도를 높여 민주주의 발전에 도움이 되며, 사회적 불평등을 완화해 줄 것이라면서 인류의 더 나은 삶을 위해 정보화가 생활 전반에 걸쳐 더욱 확대되어야 함을 주장한 글이다.

가 정보화는 지역 간, 계층 간, 남녀 간의 경제적·문화적 격차를 완화* 해 줍니다. 정보화가 발전할수록 모든 계층과 지역에서 정보 접근성이 높아지고 정보가 더 많이 공유되기 때문입니다. 대중 매체가 발달하지 못한 산업 사회 이전 사회에서는 세계적으로 유명한 미술 작품이나 음악이 특권층만의 전유물* 이었습니다. 그러나 텔레비전, 라디오, 영화 등 대중 매체가 발달하면서 이러한 미술 작품이나 음악은 특권층을 넘어 일반 대중에게도 공유되었고, 이를 통해 많은 사람들이 동등하게 문화적 소양* 을 쌓게 되었습니다. 그래서 대중 매체는 문화의 보편화에 기여한 좋은 본보기가 되었습니다. 그렇다면 요즘은 어떤가요? 남녀노소를 불문하고 그가 지구촌 어디에 살고 있든지 간에 컴퓨터 클릭 한 번이면 세계 각지의 다양한 공연을 안방에서 볼 수 있는 것은 물론이고, 프랑스의 루브르 박물관이나 영국의 대영 박물관에 소장되어 있는 작품들을 모두 볼 수도 있습니다. 이처럼 정보화는 산업 사회에서 대중 매체에 의해 비로소 가능해지기 시작한 문화의 보편화를 엄청난 속도로 한층 더 진전시키고 있습니다. 계층이나 지역에 상관없이 모두가 동등하게 문화적 소양을 누리고 즐길 수 있게 된 것은 정보화가 이루어 낸 중요한 성과입니다.

물론 아직은 계층과 지역에 따라 정보화 수준은 차이가 있습니다. 그러나 국가나 지방 자치 단체가 정보화 수준이 낮은 계층과 지역에 대한 지원을 확대해 격차를 줄여 나간다면 더 많은 사람들이 더욱 쉽게 정보를 얻을 수 있는 길이 넓어질 것이고, 이에 따라 기존의 불평등은 점차 완화될 것입니다.

– 윤용아, 「정보화의 빛, 새롭고 멋진 신세계」

지문 개관

정보화가 사회적 불평등을 심화하고, 일부 사람들의 부적응 및 실업 문제를 가져오며, 개인 정보 유출 및 사생활 침해, 인간 소외나 비도덕화와 같은 문제를 일으킨다면서 올바른 자질과 품성을 기르고, 정보화의 역기능을 예방하거나 규제하는 법 또는 기술을 개발해야 함을 주장한 글이다.

* **완화** 긴장된 상태나 급박한 것을 느슨하게 함.
* **전유물** 혼자 독차지하여 가지는 물건.
* **소양** 평소 닦아 놓은 학문이나 지식.
* **비단** 부정하는 말 앞에서 '다만', '오직'의 뜻으로 쓰이는 말.

나 정보의 영향력이 커진 만큼 그에 따른 다양한 문제가 발생하고 있습니다. 먼저, 사회적 불평등이 점차 심화된다는 것입니다. 우리가 알고 싶은 정보를 얻기 위해서는 경제력이 뒷받침되어야 합니다. 컴퓨터나 스마트폰과 같은 정보·통신 기기를 구매하고, 인터넷과 같은 통신망을 이용하기 위해서는 그에 따른 비용을 부담해야 하기 때문입니다. 얻고자 하는 정보의 양이 많거나 정보의 가치가 높을수록 더 많은 비용이 필요하기 때문에 결국 경제력의 차이에 따라 정보 격차가 발생합니다. 정보의 영향력이 높은 사회에서는 정보의 양과 질에 비례하여 부가 가치가 증대될 가능성이 높기 때문에 고급 정보를 많이 가진 사람이 그렇지 않은 사람보다 부자가 될 확률이 더 높습니다. 즉, 경제력의 차이에 따라 정보 격차가 발생하고, 이에 따라 빈부의 차이가 더 벌어지기 때문에 사회적 불평등이 점차 심화되는 것입니다. 이러한 문제는 비단* 개인만의 문제에 그치지 않고 사회와 국가 간의 문제로까지 확대되고 있습니다.

빠르게 변화하는 사회 상황에 적응하지 못하거나, 일자리를 잃는 사람들이 증가하는 것도 문제입니다. 우리 주변을 살펴보면 정보화에 따른 사회 변화에 적응하지 못하는 사람들을 종종 볼 수 있습니다. 특히 관공서나 병원, 음식점 등에 설치된 무인 정보 단말기와 같은 정보화 기기의 사용법을 잘 몰라 어려움을 겪는 사람들의 이야기는 최근 뉴스를 통해 쉽게 접할 수 있습니다. 한편 사람들은 정보화의 영향으로 기술이 발달하면 편리한 삶을 누릴뿐만 아니라 사회 전반적으로 유익한 변화가 있을 것이라고 생각하였습니다. 하지만 이러한 일반적인 인식과는 달리 정보화의 발전으로 인공 지능을 갖춘 정보화 기기들이 사람들의 역할을 대신하면서 정보화와 관련된 산업을 제외한 다른 산업 부문에서는 세계적으로 실업률이 증가하는 현상이 나타나고 있습니다.

– 유병열, 「정보화의 또 다른 얼굴」

1 (가), (나)의 글의 종류를 밝히고, 이러한 글의 목적을 쓰시오. [4점]

_____

_____

문항 분석

글의 종류와 글의 목적을 파악하는 문항이다. 관련된 용어를 정확하게 써야 한다.

▶**활동 Tip** (가), (나)는 모두 글쓴이의 주관적인 생각과 주장을 전달하고 있다. 이러한 성격을 띠는 글의 종류, 그리고 이러한 글의 목적을 생각해 본다.

(논술형)

2 '정보화'에 대한 (가), (나)의 관점 차이를 밝히고, '정보화'에 대한 자신의 생각을 〈조건〉에 맞게 서술하시오. [10점]

┌─(조건)──────────────────────────────────┐
│ • '정보화'가 사회적 불평등에 미치는 영향을 바탕으로 (가)와 (나)의 관점 차이를 밝힐 것. │
│ • '정보화'에 대한 자신의 입장을 분명하게 제시할 것. │
│ • 자신의 생각을 뒷받침하는 근거를 두 가지만 제시할 것. │
│ • 띄어쓰기를 포함하여 300자 이내로 쓸 것. │
└──────────────────────────────────────┘

_____

_____

_____

_____

문항 분석

'정보화'에 대한 두 글의 관점을 비교하고, 자신의 생각을 근거를 들어 제시하는 문항이다. '(가)와 (나)의 관점 차이', '정보화'에 대한 입장', '구체적인 근거 두 가지 제시'라는 내용 조건, '300자 이내'라는 분량 조건이 제시되어 있다.

▶**활동 Tip** 정보화에 대한 (가), (나)의 입장을 살펴보고, 두 입장 가운데 하나를 선택하거나, 둘을 절충하여 자신의 입장을 정한다. 그런 다음 (가), (나)의 내용이나 배경지식을 활용하여 근거를 마련한다.

문법 / 듣기·말하기 / 쓰기 ①

1 다음 글을 읽고, 아래 물음에 답하시오.

> 닉은 손을 번쩍 들고 선생님이 이름을 부르기도 전에 질문을 던졌다.
> "맞아요. 그런데 왜 이런 낱말은 이런 뜻이고 저런 낱말은 저런 뜻인지는 아직도 모르겠어요. 예를 들어 '개'라는 말이 꼬리를 흔들며 왈왈 짓는 동물을 뜻한다고 누가 정했나요? 누가 그런 거죠?"
> 선생님이 닉이 던진 미끼를 물었다.
>
> [A]
> "누가 개를 개라고 했냐고? 네가 그런 거야, 닉. 너와 나와 이 반에 있는 아이들과 이 학교와 이 마을과 이 주와 이 나라의 모든 사람들이. 우리 모두 그렇게 하자고 약속한 거야. 여기가 프랑스라면 그 털북숭이 네발짐승은 다른 말로, 그러니까 '시엥'이라고 불렀을 거야. 우리말로는 '개'지. 독일어로는 '하운드'이고. 이렇게 전 세계적으로 다른 말이 있어. 하지만 이 교실에 있는 우리가 개를 다른 이름으로 부르기로 하면, 그리고 다른 사람들도 모두 그렇게 하면, 개는 그 이름으로 불릴 테고, 나중에는 사전에도 그 이름이 올라가게 될 거야. 사전에 나오는 말은 바로 '우리'가 만드는 거란다."
>
> **[중간 부분의 줄거리]** 선생님의 말씀을 떠올리며 곰곰이 생각하던 닉은 '펜'을 '프린들'로 바꾸어 부르기로 한다.
>
> 닉은 펜을 집어서 자넷에게 건네주었다. / "자……."
> 닉은 '펜'이라고 하지 않았다. 대신 "자…… 프린들."이라고 했다.
> "프린들?"
> 자넷은 ㉠볼펜을 받아 들며 '바보 아냐?' 하는 눈빛으로 닉을 쳐다보았다.
>
> — 앤드루 클레먼츠, 「프린들 주세요」

문항 분석

제시된 사례에서 알 수 있는 언어의 본질을 파악하는 문항이다. 언어의 본질과 관련된 용어와 근거를 모두 밝혀 써야 한다.

▶활동 Tip [A]에서 발견할 수 있는 언어의 본질을 찾아본다. 언어의 본질에는 자의성, 사회성, 역사성, 창조성 등이 있다.

(1) [A]에서 알 수 있는 '언어의 본질' 가운데 하나를 근거를 들어 쓰시오. [4점]

_____

_____

문항 분석

반응의 이유를 파악하는 문항이다. '언어의 본질'과 관련지으라는 내용 조건이 제시되어 있다.

▶활동 Tip 닉의 말이나 행동이 어떤 점에서 '바보'라는 생각을 하게 했을지 생각해 본다.

(2) '자넷'이 ㉠과 같이 반응한 까닭을 '언어의 본질'과 관련지어 서술하시오. [4점]

_____

_____

2 다음 자료를 참고하여 〈보기〉의 밑줄 친 단어들의 품사를 형태·기능·의미 측면에서 비교하여 서술하시오. [6점]

> 단어는 형태의 변화 여부, 문장에서의 기능, 나타내는 의미 등에 따라 분류할 수 있다.
>
> • 형태: 단어는 문장에서 쓰일 때 형태가 변하는 단어와 형태가 변하지 않는 단어로 나눌 수 있다.
> • 기능: 단어는 문장에서 어떤 기능을 하느냐에 따라 체언, 용언, 수식언, 관계언, 독립언으로 나눌 수 있다.
> • 의미: 단어는 의미에 따라 명사, 대명사, 수사, 동사, 형용사, 관형사, 부사, 조사, 감탄사로 나눌 수 있다.

〔보기〕

새 옷을 입으니 기분이 새롭다.

▎문항 분석

밑줄 친 두 단어의 품사를 분석하여 비교하는 문항이다. 품사에 대한 기본적인 지식을 갖추고 있어야 한다.

▶활동 Tip 제시된 자료의 내용을 바탕으로 품사에 대한 배경지식을 떠올려 '새'와 '새롭다'가 형태·기능·의미 측면에서 어떤 차이가 있는지 비교해 본다.

3 다음 자료에서 ㉮와 ㉯의 의미가 다른 까닭을 〈조건〉에 맞게 서술하시오. [4점]

| ㉮ | ㉯ |

개가 고양이를 쫓았다.

개를 고양이가 쫓았다.

〔조건〕
• ㉮와 ㉯의 의미 차이를 가져오는 품사를 밝힐 것.
• '동작, 주체, 대상'이라는 단어를 모두 포함하여 쓸 것.

▎문항 분석

제시된 두 문장의 의미가 다른 까닭을 파악하는 문항이다. '의미 차이를 가져오는 품사 제시', "동작·주체·대상'이라는 단어 사용'이라는 두 가지 내용 조건이 제시되어 있다.

▶활동 Tip ㉮와 ㉯에서 다른 부분을 찾고, 그것이 문장의 의미를 형성하는 데 어떻게 작용하는지 생각해 본다.

문법 / 듣기·말하기 / 쓰기 ②

1 다음 (가), (나)에 나타난 '방언'의 종류를 밝히고, 의사소통에 문제가 생긴 까닭을 서술하시오. [4점]

> **가** 관광객: 안녕하세요. 뭘 잡으셨어요?
> 아주머니: 구젱기랑 물꾸럭 좀 잡았수다.
> 관광객: 뭘 잡으셨다고요?
> 아주머니: 귀가 왁왁하우꽈?
> 관광객: 무슨 말씀하시는지 하나도 모르겠어요.
>
> **나** 엄마: 오랜만에 너희랑 영화 봐서 좋았어.
> 딸 1: 저도요. 그런데 남주 때문에 심쿵했어요.
> 딸 2: 맞아. 남주랑 여주 케미도 엄청났어.
> 엄마: 남주? 케미? 너희들 말 하나도 모르겠어.

문항 분석

방언을 사용할 때 나타날 수 있는 문제점을 파악하는 문항이다. '방언'과 관련지으라는 내용 조건이 제시되어 있다.

▶**활동 Tip** (가), (나)에서 어떤 방언이 사용되고 있는지 살펴본다. 방언에는 지역에 따라 말이 다른 '지역 방언', 그리고 연령이나 소속된 사회 집단 등에 따라 말이 다른 '사회 방언'이 있다. 이와 관련하여 〈보기〉에서 의사소통에 문제가 생긴 까닭을 생각해 본다.

2 다음은 한자어의 역할에 대해 탐구한 과정이다. 빈칸에 들어갈 내용을 20자 내외(띄어쓰기 포함)로 서술하시오. [4점]

탐구 과제	우리말에서 한자어는 어떤 역할을 할까?

탐구 자료

㉠ 의사가 환자의 병을 <u>고쳤다</u>. → 치료(治療)했다
㉡ 자전거 바퀴를 겨우 <u>고쳤다</u>. → 수리(修理)했다
㉢ 여름 방학 계획표를 <u>고쳤다</u>. → 수정(修正)했다

탐구 결과

고유어인 '고치다'를 사용한 문장에 비해 한자어로 바꾼 문장은 (   ). 그러므로 한자어는 고유어를 보완하는 역할을 한다고 할 수 있다.

문항 분석

우리말에서 한자어가 지닌 역할을 묻는 문항이다. 문장의 일부분을 채우는 문항으로, '20자 내외'라는 분량 조건이 제시되어 있다.

▶**활동 Tip** 탐구 자료에 제시된 고유어 '고치다'와 한자어 '치료하다', '수리하다', '수정하다'의 사용 사례를 비교해 보고, 이것이 의미하는 바를 생각해 본다.

3 다음 상황에서 학생의 질문에 대한 답을, 우리말을 표기할 때 고려해야 할 점을 밝혀 한 문장으로 서술하시오. [4점]

문항 분석

우리말을 표기할 때 고려해야 할 점을 묻는 문항이다. 우리말의 표기 원칙에 대한 기본적인 지식을 갖추고 있어야 한다. '우리말을 표기할 때 고려해야 할 점'이라는 단서가 제시되어 있으며, '한 문장'이라는 형식 조건이 제시되어 있다.

▶활동 Tip 제시된 받아쓰기 결과를 바탕으로 올바른 표기를 생각해 보고, 우리말을 표기할 때 고려해야 할 점을 생각해 본다.

4 다음에 제시된 사례를 탐구하여 ㉠, ㉡에 들어갈 말을 쓰시오. [4점]

| 사례1 | 닭[닥] | 닭도[닥또] | 흙[흑] | 흙도[흑또] |
| | 묽지[묵찌] | 묽도록[묵또록] | 밝지[박찌] | 밝도록[박또록] |

| 발음 원리 | 겹받침 'ㄺ'은 단어 끝 또는 자음 앞에서 ㉠ (으)로 발음한다. |

| 사례2 | 닭과[닥꽈] | 흙과[흑꽈] | 묽게[물께] | 밝게[발께] |

| 발음 원리 | 다만, 용언의 어간 끝 'ㄺ'은 'ㄱ' 앞에서 ㉡ (으)로 발음한다. |

문항 분석

제시된 사례를 탐구하여 발음의 원리를 파악하는 문항이다. ㉠과 ㉡에 들어갈 말(소리)을 기호에 맞게 써야 한다.

▶활동 Tip 제시된 사례에서 겹받침 'ㄺ'이 어떤 환경에서 어떻게 발음되는지 확인한다. 제시된 단어 중 '닭', '흙'은 체언, '묽다', '밝다'는 형태가 변하는 용언임을 고려하여 발음의 원리를 분석해 본다.

문법 / 듣기·말하기 / 쓰기 ③

지문 개관

길에서 돈이 든 지갑을 주운 일과 농구 시합에서 반칙으로 승리한 일, 두 사건을 바탕으로 양심을 지키며 사는 사람이 진정한 챔피언임을 이야기한 청소년 드라마의 대본이다.

[앞부분의 줄거리] '욱'이 속한 8반이 7반과의 농구 경기에서 경기 막판 '욱'의 극적인 3점 슛으로 역전승을 거둔다. 그런데 '욱'이 선을 밟은 동영상이 발견되며 7반에서 재경기를 요구한다.

욱 (담담히, 그러나 결연하게* 약간 소리 높여) 그리고 제가 선을 밟은 동영상도 같이 공개를 했으면 합니다.

세리 다시 하긴 뭘 다시 해? 다 끝난 일인데!

정민 잠깐만. 무슨 얘기야? 동영상이란 게 진짜로 있었어?

욱 (정민에게) 어. 내가 선 확실히 밟았고, 그게 카메라에 찍혔어.

정민처럼 몰랐던 반 아이들 예닐곱 명 웅성거리고, 정민도 멍하니 욱을 바라본다.

세리 (씩씩거리며) 야, 너 반장이라고 뭐든지 네 맘대로 해도 된다고 생각하나 본데, 왜 이러셔? 나도 부반장이야! 네 마음대로 7반 가서 사과하고 시합하려고? 나 그 꼴 못 봐. 아니, 안 봐!

욱 그러니까 지금 너희들한테 동의를 구하는 거 아냐?

용우 동의? 그래, 너 말 잘했다. 근데 우리 동의 못 해! 절대 못 해!

보비 우리가 얼마나 힘들게 이겼는데, 그걸 걔네한테 그냥 갖다 바치자고?

욱 그냥 엎자는 말이 아냐. 선 밟은 거 인정하고 재경기를 하자고.

하림 재경기? 안 돼! 너 왜 그래 진짜? 우리 이번엔 그럼 못 이긴단 말이야!

욱 7반 애들, 반칙으로는 이길 수 있고 정정당당히 하면 못 이긴다고 생각 안 해. 승산이 아예 없는 것도 아니고.

순신 지금 우리가 농구 못해서 이러는 게 아니잖아. 다른 거 다 집어치우고, 너, 우리가 인정하면 7반 걔네들이 어떻게 나올 것 같냐? 7반 애들이 우리 반 멋있다 칭찬해 줄 줄 알아? 아니? "오리발 내밀더니 우리가 따지니까 결국 자백했네, 꼴좋네." 하며 난리 피울 거야, 분명히. 난 다른 건 몰라도 그 꼴은 절대 못 봐.

욱 걔들이 어떻게 나오느냐가 중요한 게 아니잖아. 우리가 생각할 때 스스로 당당한지 아닌지, 그게 중요한 거 아냐?

정민 안 당당할 건 또 뭔데? 솔직히 말해서 7반 애들 공격자 반칙한 거, 팔꿈치로 용우랑 하림이 칠 때도 그렇고, 체육 선생님이 7반 애들 반칙도 못 보고 놓친 거 많아. 그렇게 하나하나 따지기 시작하면 완벽한 경기란 거, 세상에 없는 거 아냐?

욱 하지만 세상엔 멋진 경기도 있어. 우리 그런 경기 보면 기분 좋잖아. 최소한 그렇게 하려고 노력은 해야 하는 거 아냐?

---

* **결연하다** 마음가짐이나 행동에 있어 태도가 움직일 수 없을 만큼 확고하다.
* **결벽증** 병적으로 깨끗한 것에 집착하는 증상.

> 정민 네가 너무 맘이 불편해서 양심선언을 꼭 하고 싶다면, 그건 말릴 생각 없어. 하지만 그런다고 세상이 변하지는 않아. 다시 말해서 네가 깨끗해지고 싶다는 건 그냥 자기만족이나 결벽증* 같은 거야.
>
> – 홍자람, 「챔피언」(드라마 「반올림」)

1 윗글에 제시된 문제 상황과 그에 대한 인물들의 의견을 정리하시오.

(1) 학생들이 갈등하는 까닭을 '~해야 하는가?'의 형식으로 쓰시오. [2점]

_____

문항 분석

글에 제시된 문제 상황을 파악하는 문항이다. 문장의 종결 형태와 관련한 형식 조건이 제시되어 있다.

▶**활동 Tip** 아이들이 어떤 문제로 대립하고 있는지 살펴본다.

(2) 다음은 각 인물의 의견을 정리한 것이다. 빈칸에 들어갈 단어를 윗글에서 찾아 순서대로 쓰시오. [3점]

인물	의견
욱	반칙 없이도 7반을 이길 수 있다. 정정당당하게 승부를 겨루는 경기를 하려는 (　　　)이/가 중요하다.
하림	(　　　)을/를 하면 7반을 못 이긴다.
순신	반칙을 인정하면 7반에서 그것을 빌미로 비아냥거릴 것이다.
정민	체육 선생님이 놓친 7반의 반칙도 많다. (　　　)한 경기는 없다.

_____

문항 분석

글의 내용을 바탕으로 각 인물이 주장하는 바를 파악하는 문항이다. 빈칸에 들어갈 내용을 지문에서 찾아 '순서대로' 써야 한다.

▶**활동 Tip** 지문에 제시된 인물의 말을 바탕으로 각 인물의 의견을 정리해 본다.

2 윗글에 드러난 인물들의 말하기 태도를 〈조건〉에 맞게 서술하시오. [4점]

〈조건〉
- '세리, 용우, 보비, 순신'의 말하기에 공통적으로 나타나는 문제점 두 가지를 지적할 것.
- 40자 내외(띄어쓰기 포함)로 쓸 것.

_____

문항 분석

인물들의 대화 태도를 평가하는 문항이다. "세리, 용우, 보비, 순신'의 말하기에 나타난 문제점 두 가지 제시'라는 내용 조건, '40자 내외'라는 분량 조건이 제시되어 있다.

▶**활동 Tip** '세리, 용우, 보비, 순신'의 말하기 태도에 어떤 문제점이 있는지 살펴본다.

문법 / 듣기·말하기 / 쓰기 ④

지문 개관

'학교 축제 때 학급 활동으로 무엇을 할 것인가'라는 논제로 진행된 토의문이다. 각 토의자가 나름의 근거를 들어 먹거리 장터, 귀신의 집, 나눔 가게 운영과 관련된 의견을 펼친 뒤, 청중과의 질의응답 과정을 통해 결론을 이끌어 내고 있다.

가 **사회자** 다음 달에 학교 축제가 열리는데, 우리 학급에서 어떤 활동을 하면 좋을지 설문 조사를 해 보았습니다. 그 결과 먹거리 장터, 귀신의 집, 나눔 가게를 운영하자는 의견이 비슷하게 나왔습니다. 각 의견을 대표하여 이기문, 김은우, 정윤호 학생이 나와서 '학교 축제 때 학급 활동으로 무엇을 할 것인가'라는 논제*로 토의해 보도록 하겠습니다. 먼저 토의자들의 제안을 들어 보겠습니다.

이기문 저는 먹거리 장터를 운영하면 좋겠습니다. 학급 활동은 구성원 모두가 참여할 때 의미가 있습니다. 먹거리 장터 운영에는 재료 구입, 음식 조리, 음식 판매, 뒷정리 등 다양한 역할이 필요합니다. 그러므로 먹거리 장터를 운영한다면 학급 구성원 모두가 역할을 맡아 학급 활동에 참여할 수 있을 것입니다.

김은우 저는 귀신의 집을 운영하면 좋겠습니다. 작년 '축제 만족도' 조사 결과를 보면, 공포 체험 활동이 재미있었다는 의견이 많았습니다. 그러므로 귀신의 집을 운영한다면 학생들이 많이 찾아와 신나게 축제를 즐길 수 있을 것입니다.

정윤호 저는 나눔 가게 운영을 제안합니다. 지난번 학급 봉사 활동을 했던 복지관에서는 혼자 사시는 할머니, 할아버지를 돕기 위해 후원금을 모으고 있다고 합니다. 가정에서 잘 사용하지 않는 물품을 가져와 판매한 후 그 수익금을 복지관에 기부한다면, 학급 활동을 통해 보람을 느낄 수 있을 것입니다.

나 **사회자** 이제 토의자들의 제안에 대한 청중 여러분의 의견을 들어 보겠습니다.

청중 1 이기문 학생에게 질문하겠습니다. 교실에서는 불을 사용할 수 없습니다. 이런 상황에서 상하지 않는 음식을 판매하려면 음식의 종류가 한정되지 않을까요?

이기문 불을 사용할 수 없으니 음료수나 간단한 음식 위주로 판매해야 할 것 같습니다. 그렇다면 활동의 폭이 많이 줄어들어 학급 구성원 모두가 참여하기는 어려울 것 같습니다.

청중 2 저는 김은우 학생에게 질문하겠습니다. 특색 있게 귀신의 집을 꾸민다고 하셨는데 구체적인 생각이 있나요?

김은우 책상과 의자를 쌓아 동굴처럼 만들고, 창문을 모두 가려 교실을 어둡게 한다면 특색 있는 분위기를 만들 수 있지 않을까요?

청중 1 자칫 잘못하면 안전사고가 날 수 있을 것 같습니다. 재미있는 활동도 중요하지만 친구들이 다칠 수 있다면 좋은 활동이라고 보기 어려울 것 같습니다.

김은우 그렇다면 귀신의 집 운영은 다시 생각해 봐야 할 것 같습니다.

청중 3 저는 정윤호 학생에게 질문하겠습니다. 나눔 가게를 적극적으로 홍보하는 방법으로는 어떤 것이 있을까요?

*논제 논설이나 논문, 토론 따위의 주제나 제목.

정윤호 등·하굣길에 만나는 친구들에게 나눔 가게의 취지를 알리거나, 유시시(UCC)를 만들어 홍보하는 방법이 있습니다.

청중 3 저는 처음에는 귀신의 집을 운영하는 것이 좋겠다고 생각했는데 오늘 토의를 듣고 생각이 바뀌었습니다. 나눔 가게를 운영하는 것은 자원의 재활용이라는 측면에서도 의미가 있다고 생각합니다.

1 윗글의 내용을 참고하여 ㈀~㈁에 들어갈 내용을 쓰시오. [6점]

제안 1 [이기문]	• 주장: 먹거리 장터를 운영하자. • 근거: 먹거리 장터를 운영하기 위해서는 다양한 역할이 필요하기 때문에 ㉠_____
제안 2 [김은우]	• 주장: 귀신의 집을 운영하자. • 근거: 작년 축제 만족도 조사 결과 공포 체험 활동이 재미있었다는 의견이 많았으므로 올해도 ㉡_____
제안 3 [정윤호]	• 주장: 나눔 가게를 운영하자. • 근거: 가정에서 잘 사용하지 않는 물품을 판매하여 그 수익금을 복지관에 기부한다면 ㉢_____

• ㉠: _____

• ㉡: _____

• ㉢: _____

문항 분석

토의에서 토의자들이 주장한 내용과 그 근거를 정리하는 문항이다. 각 토의자가 주장하는 바에 대한 근거를 찾아 기호에 맞게 답안을 써야 한다.

▶활동 Tip (가)에서 각 토의자가 어떤 근거를 들어 주장을 펼치고 있는지 살펴본다.

(논술형)

2 토의의 흐름상 이 토의를 통해 내려질 결론을 〈조건〉에 맞게 서술하시오. [6점]

┌─(조건)─────────────────────────────
│ • 토의자들의 제안 중 하나를 결론으로 제시할 것.
│ • 토의자들의 제안 중 선택되지 않은 활동의 문제점을 밝힐 것.
└─────────────────────────────────────

_____

_____

_____

문항 분석

토의의 맥락을 살펴 토의에서 내려질 결론을 예측하는 문항이다. 세 가지 제안 가운데 선택될 제안을 결론으로 제시하고, 선택되지 않은 활동의 문제점을 밝혀야 한다.

▶활동 Tip (나)에 제시된 청중과의 질의응답 과정을 바탕으로 토의자들의 제안 내용의 문제점, 그에 대한 토의자 및 청중의 반응을 살펴보고, 어떤 제안이 최종적으로 선택될지 생각해 본다.

문법 / 듣기·말하기 / 쓰기 ⑤

1 다음 글에서 통일성에 어긋난 문단을 찾고, 그 까닭을 〈조건〉에 맞게 서술하시오.

[6점]

▶**문항 분석**

통일성에 어긋난 문단을 찾는 문항이다. '통일성의 개념 제시', '글 전체의 주제와 관련지어 설명'이라는 내용 조건, 문장 형식과 관련된 형식 조건이 제시되어 있다.

▶**활동 Tip** 글 전체의 서두인 (가), 글 전체의 결말인 (바)를 중심으로 (나)~(마)의 내용을 살펴 글의 중심 내용을 파악한다. 그런 다음 글의 주제에 어긋나는 문단을 찾아본다.

가 우리 식탁에 자주 오르는 발효 식품 중에 김치와 젓갈이 있다. 발효란 효모, 세균 등의 미생물이 작용해서 사람에게 쓸모 있는 물질을 만들어 내는 과정을 말한다. 우리나라의 발효 식품에는 김치와 젓갈뿐 아니라 간장, 된장, 고추장, 식초 등도 있다. 그렇다면 발효 식품의 장점은 무엇일까?

나 발효 식품은 오랫동안 보관할 수 있다. 생선은 쉽게 상하지만 생선을 발효시켜 만든 젓갈은 잘 상하지 않는다. 그래서 젓갈은 오래도록 먹을 수 있다. 김치 또한 가을에 김장을 해서 저장해 두면 겨울 내내 그 김치를 먹을 수 있다.

다 발효 식품은 우리 몸을 건강하게 한다. 예를 들어 된장은 발효 과정에서 미생물이 단백질을 분해*하기 때문에 콩보다 단백질 흡수율이 높다고 한다. 또한 김치가 발효되는 과정에서 나오는 유산균*은 우리 건강에 매우 좋다. 김치에서 자라는 여러 유산균을 먹으면 아토피 피부염, 천식, 변비, 설사 등으로 고생하는 사람들의 증상이 나아질 수 있다.

라 발효 식품에는 소금이 많이 들어가 있다. 그래서 김치, 된장, 고추장을 많이 먹으면 나트륨도 많이 섭취하게 되어 신장병, 위염 등에 걸릴 수 있다. 특히 우리나라 사람들의 나트륨 섭취량은 다른 나라에 비해 매우 높다.

마 발효 식품은 우리 입을 즐겁게 해 준다. 똑같은 김치라도 김장 후 바로 먹는 김치와 한겨울에 먹는 김치는 맛이 다르다. 할머니 집에서 먹는 된장과 친구 집에서 먹는 된장 맛도 다르다. 이것은 발효되는 과정에서 생기는 미생물의 종류와 관련이 있다. 이처럼 발효 식품은 맛의 다양성을 증가시켜 우리 입을 즐겁게 해 준다.

바 앞에서 살펴보았듯이 우리나라의 발효 식품은 저장성이 좋고, 우리 몸의 건강에도 유익하다. 또한 우리 입을 즐겁게 해 준다. 따라서 우리는 발효 식품의 장점을 기억하고 우리나라 발효 식품을 애용*해야겠다.

* 분해 한 종류의 화합물이 두 가지 이상의 간단한 화합물로 변화함. 또는 그런 반응.
* 유산균 당류(糖類, 물에 잘 녹으며 단맛이 있는 탄수화물)를 분해하여 젖산을 만드는 균의 하나.
* 애용 좋아하여 애착을 가지고 자주 사용함.

〈조건〉
• '통일성'의 개념을 밝히고, 글 전체의 주제와 관련지어 설명할 것.
• "통일성은 ∼을/를 뜻한다. 이러한 개념에 비추어 볼 때, ∼은/는 통일성에 어긋난다. 왜냐하면 ∼ 때문이다."의 형식으로 쓸 것.

2 다음 글을 읽고, 아래 물음에 답하시오.

　　최근 설탕을 대신할 수 있는 식품을 찾는 소비자들이 늘고 있다. 특히 자연에서 얻을 수 있는 재료로 만든 천연 감미료[*]가 인기를 끌고 있는데, 대표적인 식품으로 메이플 시럽과 코코넛 슈거가 있다. 이에 대해 알아보자.

[A]
　　메이플 시럽은 단풍나무의 수액[*]을 끓여서 만든 천연 감미료로, 캐나다나 미국에서 많이 생산되며, 설탕보다 작은 양으로 설탕과 비슷한 단맛을 내며, 비타민과 무기질, 항산화 성분 등 다양한 영양소가 포함되어 있다.
　　그런데 우리나라에서도 단풍나무가 자라고 있지만, 나무 한 그루에서 추출할 수 있는 수액의 양이 매우 제한되어 있다. 대신 우리는 고로쇠나무에서 수액을 뽑아내 여러 용도로 사용한다.

　　코코넛 슈거는 코코넛 나무의 꽃봉오리에서 수액을 채취해 만든 천연 감미료로, 동남아시아에서 많이 생산된다. 코코넛 슈거의 혈당 지수는 설탕보다 낮아서 설탕 대신 여러 가지 식품에 활용된다. 또한 코코넛 슈거는 다양한 영양소를 포함하고 있는데, 특히 아미노산이 풍부하다. 그래서 근육을 발달시키거나 면역력을 높이고 콜레스테롤[*] 수치를 낮추는 데 도움을 준다.

　　지금까지 설탕을 대신할 수 있는 천연 감미료인 메이플 시럽과 코코넛 슈거에 대해 알아보았다. ㉠단맛의 유혹을 이기는 것은 여간 어려운 일이다. 이제 메이플 시럽과 코코넛 슈거로 건강한 달콤함에 빠져 보자.

* **감미료** 단맛을 내는 데 쓰는 재료를 통틀어 이르는 말.
* **수액** 땅속에서 나무의 줄기를 통하여 잎으로 올라가는 액.
* **콜레스테롤** 고등 척추동물의 뇌, 신경 조직, 혈액 따위에 많이 들어 있는 대표적인 스테로이드. 핏속에서 이 양이 많아지면 동맥 경화증이 나타난다.

(1) 〈보기〉에 제시된 검토 의견을 참고하여 ㉠을 올바른 문장으로 고쳐 쓰시오. [4점]

〔보기〕
　　"문맥을 고려할 때 문장이 앞뒤 내용과 자연스럽게 이어지지 못하고 있어. 글을 쓸 때 문장 성분의 호응을 고려하지 못한 것 같은데, 부사어에 맞게 문장을 고쳐 써야 해."

▌문항 분석

문장 호응이 어색한 문장을 고쳐 쓰는 문항이다. '부사어'에 맞게 문장을 고쳐 써야 한다.

▶활동 Tip ㉠에서 부사어와 서술어의 호응을 살펴보고, 잘못된 부분을 고쳐 써 본다.

(2) 〈보기〉에 제시된 '고쳐쓰기의 기준'을 고려하여 [A]를 고쳐 쓰시오. [6점]

〔보기〕
　• 글 전체의 주제에서 벗어난 문단을 삭제한다.
　• 표현 효과를 고려하여 긴 문장을 간결하게 고쳐 쓴다.
　• 문맥에 어울리지 않는 단어를 고쳐 쓴다.

▌문항 분석

고쳐쓰기의 기준을 참고하여 제시된 내용을 바르게 고쳐 쓰는 문항이다. 〈보기〉에 제시된 기준에 따라 세 부분 이상을 고쳐 써야 한다.

▶활동 Tip 〈보기〉에 제시된 '문단', '문장', '단어' 차원에서의 고쳐쓰기 기준을 참고하여 [A]에서 고쳐 쓸 부분을 찾아 바르게 고쳐 써 본다.

부록 _ 수행 평가 대표 문항

중학교에서 자주 출제되는 수행 평가 문항 5개를 제시하였다.
각 활동별로 제시된 활동 단계와 예시 답안을 참고하여 학교 수행 평가에 대비해 보자.

 **면담 계획서 작성하기**

학년		반		이름	

원고 작성법과 유의 사항	• 평소 관심이 있던 친구, 선후배, 이웃, 가족 중 한 명을 선택하여 면담을 위한 계획서를 작성한다. • 면담 대상자 또는 면담 목적과 관련한 사전 정보를 수집한다. • 면담을 통해 꼭 알고 싶은 점을 질문할 수 있도록 내용을 작성한다.

1 면담을 할 대상과 면담 목적, 그와 관련된 사전 정보를 정리해 보자.

면담 대상	
면담 목적	
사전 정보	• •

2 1의 활동을 바탕으로 면담 계획서를 작성해 보자.

면담 대상	
면담 시간	
면담 장소	
면담에서 할 질문 (5개 이상)	
면담 준비물	

| **쓰기 Tip** | 면담 준비를 위해 면담 계획서를 작성할 때에는 질문이 생각나지 않거나 했던 질문을 다시 하지 않도록 면담 목적에 맞는 질문을 꼼꼼하게 준비하는 것이 효과적이다. 추가 질문이 필요한 질문의 경우, 그 내용까지 꼼꼼하게 작성한다.

학년		반		이름	

원고 작성법과 유의 사항	• 평소 관심이 있던 친구, 선후배, 이웃, 가족 중 한 명을 선택하여 면담을 위한 계획서를 작성한다. • 면담 대상자 또는 면담 목적과 관련한 사전 정보를 수집한다. • 면담을 통해 꼭 알고 싶은 점을 질문할 수 있도록 내용을 작성한다.

1 면담을 할 대상과 면담 목적, 그와 관련된 사전 정보를 정리해 보자.

면담 대상	이승진(학교 선배)
면담 목적	학교 신문에 학교 소개 관련 내용을 게시하기 위한 정보를 수집하기 위해서
사전 정보	• 면담 대상자가 학생 대표를 맡고 있음. • 학교 신문에 새로 입학한 학생들을 위해 학교 소개 관련 내용을 담은 기사문을 작성하게 됨.

2 1의 활동을 바탕으로 면담 계획서를 작성해 보자.

면담 대상	이승진(학교 선배)
면담 시간	금요일 오후 3~4시
면담 장소	학교 도서관 앞 휴게실
면담에서 할 질문 (5개 이상)	※ 학생 대표인 선배를 만나 학교와 관련한 정보를 수집하고자 면담을 진행함. 1. 학교 시설에는 어떤 것이 있나요? 관리는 잘되어 있나요? 2. 급식은 어떻게 나오나요? 급식에 대한 만족도는 어떤가요? 3. 학교 시험의 난이도는 어떤가요? 학교에서 수행 평가는 자주 보는 편인가요? 4. 학교에서 봉사 시간에는 주로 어떤 활동을 하나요? 5. 학교 동아리에는 어떤 것이 있나요? 어떤 동아리를 추천하고 싶은가요?
면담 준비물	면담 기록서, 필기구, 시계

경험을 담은 글 쓰기

학년		반		이름	

원고 작성법과 유의 사항	• 자신이 직접 겪은 일 가운데 기억에 남는 경험을 바탕으로 작성한다. • 글의 제목은 경험 내용이나 중심 생각이 잘 드러나게 작성한다. • 자신의 경험과 그때의 느낌, 깨달음 등을 솔직하고 진솔하게 표현한다.

1 내가 겪은 일 가운데 친구들과 나누고 싶은 의미 있는 경험을 떠올려 보자.

• 어떤 일이 있었나?

• 그때 무엇을 느꼈나?

• 그 경험이 나에게 어떤 의미가 있나?

2 1의 활동을 바탕으로 경험을 담은 글을 써 보자.

제목:

| 쓰기 Tip | 자신의 경험을 바탕으로 글을 쓸 때에는 꾸밈 없이 진솔하게 쓰되, 인물의 말이나 행동 등을 적절하게 인용하거나 묘사하여 생동감을 주는 것이 효과적이다.

학년		반		이름	

원고 작성법과 유의 사항	• 자신이 직접 겪은 일 가운데 기억에 남는 경험을 바탕으로 작성한다. • 글의 제목은 경험 내용이나 중심 생각이 잘 드러나게 작성한다. • 자신의 경험과 그때의 느낌, 깨달음 등을 솔직하고 진솔하게 표현한다.

1 내가 겪은 일 가운데 친구들과 나누고 싶은 의미 있는 경험을 떠올려 보자.

- **어떤 일이 있었나?**
  아무 생각 없이 내뱉은 한마디 말 때문에 친한 친구와 다투게 되었다.
- **그때 무엇을 느꼈나?**
  말 한마디도 조심히 내뱉어야 한다는 것, 상대방의 단점을 쉽게 말하지 말아야 한다는 것을 깨달았다.
- **그 경험이 나에게 어떤 의미가 있나?**
  정신적으로 한 단계 더 성장할 수 있었다.

2 1의 활동을 바탕으로 경험을 담은 글을 써 보자.

제목: 나를 성장시켜 준 친구

지난달 중순 때쯤, 가장 친한 친구 서아와 다툼이 있었다. 휴대 전화로 함께 온라인 게임을 하던 중이었다. 서아는 그 게임을 잘하지 못했고, 나는 답답함을 느꼈지만 그래도 꾹 참고 게임을 마쳤다. 순위가 나오는데 서아의 순위가 최하위였다. 나는 장난삼아 "네가 뒤에서는 세계 최고네!"라고 말을 했고, 이 말을 들은 서아는 몹시 기분이 상한 듯 화를 냈다. 나는 사실대로 말한 것뿐인데 왜 그러냐며 화를 냈다.

그날 밤, 나는 쉽게 잠을 이루지 못했다. 처음에는 내 말이 그렇게 화를 낼 말이었나 하는 생각도 들었지만, 입장을 바꾸어 보니 나였어도 기분이 나빴을 것 같았다. 그러고 보니 서아는 내가 무언가를 잘하지 못할 때 그것을 놀린 적이 없었다. 나는 그림을 잘 그리지 못하는데, 다른 친구들이 내 그림을 보며 발로 그린 것이냐며 놀릴 때, 서아가 내 그림이 개성적이라면서 특색 있는 그림이라고 말해 준 적이 있었다. 그리고 나처럼 게임도 잘하고, 말도 재미있게 잘하면 좋겠다는 말도 많이 했었다. 그런 서아가 그깟 게임 하나 못한다고 놀렸던 내가 부끄러웠다. 다음 날, 나는 서아를 만나 사과의 말을 건넸다. 서아는 자기가 평소 게임을 잘 못하는 것이 콤플렉스여서 예민했던 것 같다면서 사과를 받아 주고, 재미가 없을 텐데 자신과 함께 게임을 자주 해 주어서 고맙다고 했다. 나는 생각지도 못한 서아의 반응에 더욱 미안함을 느꼈고, 이를 계기로 나와 서아는 좀 더 친밀한 관계가 되었다.

나는 이 일을 겪으면서 말 한마디도 조심히 내뱉어야 한다는 것, 그리고 상대방의 단점을 쉽게 말하지 말아야 한다는 것을 깨달았다. 그리고 내 친구 서아가 얼마나 멋진 아이인지를 새삼 느끼며, 서아 덕분에 정신적으로 한 단계 더 성장할 수 있었다.

03 설명하는 글 쓰기

학년		반		이름	

원고 작성법과 유의 사항	• 평소 관심 있는 직업이나 취미와 관련된 내용으로 구성한다. • 책, 백과사전, 신문, 인터넷 등에서 믿을 만한 자료를 수집한다. • 설명 방법(정의, 예시, 비교, 대조, 분류, 구분, 분석 등)을 두 가지 이상 활용하여 쓴다.

1 설명 대상을 정하고, 관련 내용을 정리해 보자.

설명 대상	
설명 목적	
예상 독자	
참고할 자료	• •

2 1의 활동을 바탕으로 설명하는 글을 써 보자.

제목:

| 쓰기 Tip | 설명하는 글은 설명 대상에 대해 전하고자 하는 바를 이해하기 쉽게 전달하는 것이 중요하다. 따라서 어려운 용어나 개념은 풀어서 설명하고, 비슷한 다른 대상과 비교·대조하거나 빗대어 표현하는 등의 방법을 활용하는 것이 효과적이다.

학년		반		이름	

원고 작성법과 유의 사항	• 평소 관심 있는 직업이나 취미와 관련된 내용으로 구성한다. • 책, 백과사전, 신문, 인터넷 등에서 믿을 만한 자료를 수집한다. • 설명 방법(정의, 예시, 비교, 대조, 분류, 구분, 분석 등)을 두 가지 이상 활용하여 쓴다.

1 설명 대상을 정하고, 관련 내용을 정리해 보자.

설명 대상	자전거
설명 목적	주변에서 흔히 볼 수 있는 자전거에 대한 정보를 전달하기 위해서
예상 독자	반 친구들
참고할 자료	• 백과사전 • 신문

2 1의 활동을 바탕으로 설명하는 글을 써 보자.

제목: 자전거에 담긴 과학적 원리

자전거는 두 다리의 힘으로 바퀴를 돌려서 가는 탈것이다. 자전거는 그 기능에 따라 도로에서 빠른 속력을 낼 수 있는 로드 바이크, 산이나 험한 길에서도 탈 수 있는 산악자전거, 일상생활에서 가까운 거리를 이동할 때 타는 생활 자전거, 묘기를 부리거나 점프를 하는 데 사용되는 특수용 자전거로 나눌 수 있으며, 그 안에서 다시 종류가 세분화된다.

자전거에는 여러 가지 과학적 원리가 작용한다. 먼저 관성이 작용한다. 자전거는 달리고 있을 때에는 잘 넘어지지 않는다. 정지해 있는 물체는 계속해서 정지하려고 하고, 운동하는 물체는 운동을 계속하려고 하는 관성이 작용하기 때문이다. 돌고 있을 때 잘 넘어지지 않는 팽이를 생각해 보자. 회전축을 중심으로 회전하는 팽이는 외부의 힘이 작용하지 않는 한 계속해서 회전하려고 한다. 자전거의 바퀴에도 이처럼 회전하려는 관성이 작용한다.

또 자전거에는 원심력이 작용한다. 자전거가 한쪽으로 쓰러지려고 할 때 핸들을 기울어지는 방향으로 돌리면 자전거가 쓰러지지 않는다. 자전거가 핸들을 돌린 방향으로 회전을 하면서 기울어지는 반대 방향으로 원심력을 받기 때문이다. 자전거가 매우 느릴 때에는 무게 중심이 작용한다. 자전거의 구조를 살펴보면 핸들이 붙어 있는 축이 앞바퀴의 중심보다 뒤쪽에 있다는 것을 발견할 수 있다. 그래서 거의 멈추기 직전인 자전거가 쓰러지려고 할 때 반대 방향으로 핸들을 돌리면 무게 중심이 이동되어 쓰러지지 않고 다시 평형을 이루어 달릴 수 있다.

자전거는 최근 자연 친화적인 교통수단으로 주목받고 있다. 또 심폐 기능을 발달시키고 하체 근력을 발달시키는 운동 기구로서도 많이 사용된다. 자연과 건강을 위해 많이 이용하는 자전거, 그 원리를 알면 더 재미있게 탈 수 있지 않을까?

 **발표 원고 작성하기**

학년		반		이름	

원고 작성법과 유의 사항	• 평소 자신이 관심 있는 사회적 이슈를 대상으로 한다. • 발표 대상과 관련하여 전하고 싶은 메시지를 한 문장으로 분명하게 제시한다. • 발표에서 활용할 매체 자료를 구체적으로 밝힌다.

1 평소 관심이 있는 사회적 이슈를 떠올리며 친구들 앞에서 발표할 계획을 세워 보자.

발표 주제	
발표 목적	
발표 시간	

2 **1**의 활동을 바탕으로 발표 원고를 작성해 보자.

구분	발표 내용	활용할 매체 자료
도입		
전개		
마무리		

| 쓰기 Tip | 발표는 청중이 귀로 듣는 행위이기 때문에 간결하게 표현하는 것이 좋다. 또 원고를 작성할 때에는 글로 쓴 내용을 입으로 소리 내어 읽어 보면서 자연스러운지를 확인해 보는 것도 도움이 된다.

학년		반		이름	

원고 작성법과 유의 사항	• 평소 자신이 관심 있는 사회적 이슈를 대상으로 한다. • 발표 대상과 관련하여 전하고 싶은 메시지를 한 문장으로 분명하게 제시한다. • 발표에서 활용할 매체 자료를 구체적으로 밝힌다.

1 평소 관심이 있는 사회적 이슈를 떠올리며 친구들 앞에서 발표할 계획을 세워 보자.

발표 주제	한국과 일본의 관계 개선
발표 목적	한국과 일본의 관계 개선에 대한 바람을 전하기 위해서
발표 시간	5분

2 1의 활동을 바탕으로 발표 원고를 작성해 보자.

구분	발표 내용	활용할 매체 자료
도입	안녕하세요. ○○ 중학교 ○학년 ○반 김준태입니다. 최근 한국과 일본의 관계가 급격히 악화되고 있습니다. 이에 따라 양국에서도 이와 관련된 보도가 많아지고 있습니다. 그 내용을 먼저 보실까요?	동영상 자료 (한일 관계 뉴스)
전개	이러한 최근의 분위기에 대해 저는 좀 복잡한 심정입니다. 왜냐하면 우리 아버지는 한국 분이시고, 어머니는 일본분이시기 때문입니다. 일제 강점기라는 역사를 가진 한국에서는 일본에 대한 인식이 좋지 않습니다. 그럼에도 그간 양국은 많은 교류를 해 왔습니다. 이 과정에서 저와 같이 부모님이 일본과 관련되거나, 친한 일본인 친구가 있는 사람들도 많이 있을 것입니다. 한국의 문화를 좋아하는 일본인, 일본의 문화에 관심 있는 한국인도 많이 있을 것입니다. 이러한 관계가 양국의 대립으로 불편해졌다는 것이 매우 슬픕니다. 　저는 한국과 일본 양국의 관계가 하루빨리 개선되기를 바랍니다. 지난 역사에 대해 진정으로 사과하고 이를 받아들이면서 양국이 함께 발전해 나가는 이웃 나라가 되기를 바랍니다. 한국의 내 친구들이 일본에 즐겁게 여행을 다니고, 일본에 있는 내 친척들이 마음껏 한국의 훌륭한 유적지를 구경하기를 바랍니다. 지난 역사를 극복하고, 한국과 일본 양국 모두가 새로운 발돋움을 할 수 있기를 바랍니다.	사진 자료 (문화 관련 자료)
마무리	지리적으로는 그 어느 나라보다도 가깝지만, 심리적으로는 그 어느 나라보다도 먼 한국과 일본. 기나긴 갈등의 시대를 마무리하고, 함께 발전하는 나라가 되기를 소망해 봅니다.	

책 한 권 읽고 서평 쓰기

학년		반		이름	

원고 작성법과 유의 사항	• 책의 내용과 자신의 생각을 5:5 정도의 비중으로 다룬다. • 책을 읽지 않은 사람에게 책을 소개하는 데 중점을 두어 쓴다. • 책에 대한 평가 근거가 분명하게 드러나게 쓴다.

1 자신이 읽을 책을 고르고, 주요 내용을 정리해 보자.

책 제목	
저자	
이 책을 고른 까닭	
주요 내용	• •

2 1에서 고른 책을 읽고, 서평을 써 보자.

| 쓰기 Tip | 서평은 책에 담긴 내용에 대해 평가하는 글이므로 다소 객관적인 태도를 유지하면서 책의 내용과 그에 대한 자신의 감상을 담아 내는 것이 좋다. 특히 책 내용에 대한 단순 요약이 되지 않도록 유의해야 한다.

학년		반		이름	

원고 작성법과 유의 사항	• 책의 내용과 자신의 생각을 5:5 정도의 비중으로 다룬다. • 책을 읽지 않은 사람에게 책을 소개하는 데 중점을 두어 쓴다. • 책에 대한 평가 근거가 분명하게 드러나게 쓴다.

1 자신이 읽을 책을 고르고, 주요 내용을 정리해 보자.

책 제목	「문제아」
저자	박기범
이 책을 고른 까닭	누군가를 쉽게 '문제아'라고 부르는 경우가 많은데, 이에 대해 고민할 필요가 있어 보여서
주요 내용	• 창수가 돈을 뺏으려는 불량배 형들과 한패인 규석이와 싸우다 규석이를 크게 다치게 한다. • 창수가 문제아로 찍힌 뒤, 문제아로 보는 사람들에게 영원한 문제아로 남는다.

2 1에서 고른 책을 읽고, 서평을 써 보자.

「문제아」는 평범하지만 깡이 센 아이 창수의 이야기를 다루고 있다. 어느 날, 창수는 할머니의 약을 사러 가다 불량배 형들을 만나 돈을 뺏길 위기에 놓이자, 악으로 깡으로 상대를 물어뜯어 겨우 도망친다. 그리고 다음 날, 그들과 한 패거리인 규석이로부터 다짜고짜 폭행을 당하다 의자를 휘둘러 규석이를 크게 다치게 한다. 이를 계기로 창수는 어른들에게 문제아로 인식되고, 친구들도 점점 눈치만 보며 멀어져 간다. 도배 일을 하던 아버지가 다쳐 수술을 하게 되자, 창수는 봉수 형의 도움을 받아 오토바이 타는 법을 배워 신문 배달 일을 한다. 그리고 두 달이 지나 할머니에게 돈을 드린다. 그러나 신문 배달을 마치고 시간이 없어 오토바이를 타고 학교에 다니면서 더욱 큰 문제아로 자리매김한다.

'문제아'란 성격이나 행동 따위가 보통의 아동과 달리 문제성이 있는 아동을 말한다. 소설 「문제아」는 창수의 이야기를 통해 '문제아'란 무엇인가, '문제아'를 만드는 것은 무엇인가에 대해 묻는다. 새 학년이 된 창수는 새 환경에서 자신이 달라질 수 있을 것으로 생각하지만, 새롭게 담임이 된 선생님은 창수를 불러 사고 치지 말라고 경고한다. 창수는 봉수 형을 빼고는 그 누구에게도 이해받지 못한 채 영원히 문제아로 남게 된 것이다. 내가 창수의 모든 사정을 알지 못했다면, 나 역시 창수를 문제아로 여겼을 것이다. 내가 창수를 안쓰럽게 생각할 수 있는 것은 창수가 겪은 모든 일을 알고 있기 때문이다. 이렇게 볼 때, '문제아'를 만드는 것은 '편견'과 '선입견'이다. 그리고 이를 해결하려면 '관심'과 '이해'가 필요하다. 누구에게나 사정이 있고, 누구에게나 겉으로 보이는 모습과 다른 모습이 있을 수 있다. 이러한 사람에 대한 관심과 이해, 「문제아」는 그 필요성을 이야기하고 있는 작품이 아닐까?

빠른시작
빠작
중학 국어 서술형 쓰기

빠작으로 내신과 수능을 한발 앞서 준비하세요.

빠른시작
빠작

정답과 해설

중학 국어
서술형 쓰기

동아출판

✔ **채점하기** _이러면 감점

답안 1	• ㉠, ㉣에 사용된 수사법: 직유법 • ㉡, ㉢에 사용된 수사법: 의인법	**2**점

→ 감점 이유는? ㉠, ㉣에 사용된 수사법은 은유법인데, 직유법이라고 잘못 썼다.

답안 2	• ㉠, ㉣에 사용된 수사법: 은유 표현 • ㉡, ㉢에 사용된 수사법: 의인화 표현	**0**점

→ 감점 이유는? 정확한 수사법의 명칭을 쓰지 못했다.

유형 02

빈칸에 들어갈 말 쓰기

14~15쪽

✔ **채점하기** _이러면 감점

답안 1	• ㉠: 민들레, 까치 • ㉡: 길	**3**점

→ 감점 이유는? 화자가 길을 걷다 만난 대상 넷 가운데 둘만 썼다.

답안 2	• ㉠: 민들레, 까치, 아가씨, 바람 • ㉡: 새로운 길	**2**점

→ 감점 이유는? '인생'을 상징하는 시어는 '길'인데, '새로운 길'이라고 썼다.

해당 부분 찾아 쓰기

채점하기 _이러면 감점

| 답안 1 | 이런 엿은 시험 삼아 입에 넣어 보면 단맛보다는 짭짤한 맛이리라. | **2**점 |

→ 감점 이유는? 서술자의 논평이 드러난 부분은 찾았으나, 해당 문장을 그대로 옮겨 쓰지 않았다.

| 답안 2 | 엿은 애들이 그새 ~ 짭짤한 맛이리라. | **0**점 |

→ 감점 이유는? 서술자의 개입이 나타나지 않은 앞 문장까지 옮겨 썼다.

제한된 분량에 맞게 쓰기 ①

18~19쪽

☑ **채점하기** _이러면 감점

| 답안 1 | 꽃 | **2**점 |

→ 감점 이유는? 3어절의 표현으로 쓰지 않았다.

| 답안 2 | 빨간 꽃 | **2**점 |

→ 감점 이유는? 3어절이 아닌, 3음절의 표현으로 썼다.

2 · 중학 국어 서술형 쓰기

제한된 분량에 맞게 쓰기 ②

☑ 채점하기 _이러면 감점

답안 1	'나'를 경멸하는 에밀의 태도에 화가 났기 때문이다.	**0**점

→ 감점 이유는? '나'가 나비를 못 쓰게 가루를 낸 근본 원인은 나비를 훔친 일에 대한 부끄러움과 자책감 때문인데 이러한 맥락에서 쓰지 않았다.

답안 2	'나'가 에밀의 나비를 훔친 일로 한번 저지른 일은 바로잡을 수 없음을 깨닫고 부끄러움과 자책감을 느꼈기 때문이다.	**3**점

→ 감점 이유는? 30자 내외로 작성해야 하는데 그보다 훨씬 많은 글자 수로 답안을 작성하였다.

제한된 형식에 맞게 쓰기 ①

☑ 채점하기 _이러면 감점

답안 1	깨엿 장수 아저씨의 "괜찮아."라는 말에서 위로와 용기, 희망을 얻었기 때문이다.	**2**점

→ 감점 이유는? 두 가지 이유 가운데 하나만 언급하였다.

답안 2	친구들의 배려, 그리고 위로와 용기를 준 깨엿 장수 아저씨의 "괜찮아."라는 말	**3**점

→ 감점 이유는? 문장 형식으로 쓰지 않았다.

유형 07 제한된 형식에 맞게 쓰기 ②

☑ **채점하기** _이러면 감점

| 답안 1 | 엄마가 공부만 중요시하기 때문이다. | **2**점 |

→ 감점 이유는? 제시된 문장 형식의 뒷부분에 해당하는 내용만 서술하였다.

| 답안 2 | 수일이가 자신을 무시하고 공부만 중요시하는 엄마에게 서운함을 느꼈기 때문이다. | **3**점 |

→ 감점 이유는? 제시된 문장 형식에 맞게 쓰지 않았다.

유형 08 제한된 형식에 맞게 쓰기 ③

☑ **채점하기** _이러면 감점

| 답안 1 | 글쓴이는 모기 퇴치법에 대한 정보를 전달하려는 목적이다. | **3**점 |

→ 감점 이유는? 주어(글쓴이는)와 서술어(목적이다)의 호응이 맞지 않는다.

| 답안 2 | 모기를 퇴치하는 방법에 대한 정보를 전달하기 위해서이다. | **3**점 |

→ 감점 이유는? '글쓴이는'을 주어로 하는 문장 형식으로 쓰지 않았다.

유형 **09** 제한된 내용에 맞게 쓰기 ①

28~29쪽

✅ 채점하기 _이러면 감점

답안 1	다양성은 자원을 효율적으로 사용하게 할 뿐만 아니라, 인간 사회의 존속에도 중요한 역할을 하기 때문이다.	**3**점

→ 감점 이유는? '생존'이라는 단어를 포함하지 않았다.

답안 2	다양성은 물자와 에너지를 효율적으로 사용할 수 있게 하고, 집단의 생존에도 중요한 역할을 담당하기 때문에	**2**점

→ 감점 이유는? '자원'이라는 단어를 포함하지 않았고, 완결된 문장의 형태로도 쓰지 않았다.

유형 **10** 제한된 내용에 맞게 쓰기 ②

30~31쪽

✅ 채점하기 _이러면 감점

답안 1	한옥은 여름에 쾌적하고 겨울에 따뜻해 살기에 편하다.	**0**점

→ 감점 이유는? 한옥의 장점이지만 자연 친화적 측면과 거리가 멀다.

답안 2	한옥은 천연 건축 자재를 사용하여 공해를 일으키지 않는다.	**2**점

→ 감점 이유는? 한옥의 자연 친화적 측면에서의 장점으로 공해를 일으키지 않는다는 점 하나만 서술하였다.

☑ **채점하기** _이러면 감점

답안 1	(가)는 야간 조명의 사용을 줄이자는 주장을, (나)는 야간 조명을 적절하게 사용하자는 주장을 담고 있다. 나는 야간 조명의 사용을 줄이는 것이 타당하다고 생각한다. 인공조명은 인간의 생활을 편리하게 하고 윤택하게 하는 데 기여했다. 그러나 지금은 이에 따른 문제가 많이 발생하고 있으므로 야간 조명의 사용을 줄여야 한다.	6점

→ 감점 이유는? (가), (나)의 핵심 주장 및 자신의 입장은 밝혔으나 구체적인 근거를 제시하지 않았다.

답안 2	나는 야간 조명을 적절하게 사용하고 관리해야 한다고 생각한다. 야간 조명은 늦은 밤에도 인간의 활동을 가능하게 하여 생산성을 높이고 경제 발전에 기여할 수 있다. 또 도시 미관을 좀 더 아름답게 만들어 인간의 삶을 보다 윤택하게 할 수 있다. 따라서 야간 조명의 사용을 줄이기보다 적절하게 사용하고 관리할 수 있도록 노력해야 할 것이다.	6점

→ 감점 이유는? 자신의 입장과 그에 대한 근거는 밝혔으나 (가), (나)의 핵심 주장을 제시하지 않았다.

1

모범 답안 시각적 심상, 촉각적 심상

배점	채점 기준	부분 배점	내 점수
4점	3연에서 찾아볼 수 있는 감각적 심상으로 "시각적 심상", "촉각적 심상"을 제시함. (각 2점) - 순서가 바뀌어도 정답으로 인정. - '심상'이라는 말 없이 '시각', '촉각'이라고만 쓴 경우, 각 1점씩만 부여.	4 ~ 2	

해설 '심상'은 시를 읽을 때 마음속에 떠오르는 감각적인 모습이나 느낌을 말한다. 3연에서는 "고요히 다문 고양이의 입술"에서 눈으로 보는 듯한 시각적 심상을, "포근한 봄 졸음"에서 피부를 통해 느끼는 듯한 촉각적 심상을 느낄 수 있다.

2

모범 답안 ㉠에서는 '고양이의 털'을 '꽃가루'에 비유하여 부드러운 느낌을 강조하고 있다.

배점	채점 기준	부분 배점	내 점수
4점	㉠에 사용된 비유적 표현의 원관념으로 "고양이의 털", 보조 관념으로 "꽃가루"를 제시함. (각 1점)	2	
	㉠에 사용된 비유적 표현의 효과를 "(고양이의 털의) 부드러운 느낌을 강조한다."라는 맥락에서 서술함.	2	
	제시된 문장 형식에 맞춰 서술함. - 제시된 문장 형식 가운데 일부를 다르게 쓴 경우, 1점 감점. - 제시된 문장 형식과 전혀 다르게 쓴 경우, 2점 감점.	0 ~ -2	

해설 ㉠에서는 '~처럼, ~같이, ~듯이, ~인 양'과 같은 표현으로 원관념과 보조 관념을 직접 빗대어 표현하는 직유법을 사용해 '고양이의 털'을 '꽃가루'에 빗대어 표현하여 고양이의 털이 부드럽다는 느낌을 구체적이고 생생하게 드러내고 있다. 이러한 비유적 표현은 참신하고 신선한 느낌을 주며, 대상에 대한 새로운 이미지를 만들어 낸다.

1

모범 답안 ㉠은 꿈과 희망을 추구하는 존재, ㉡은 꿈, 희망, 이상, 소망 등을 상징한다.

배점	채점 기준	부분 배점	내 점수
4점	㉠의 상징적 의미를 "꿈과 희망을 추구하는 존재"라는 맥락에서 서술함.	2	
	㉡의 상징적 의미를 "꿈, 희망, 이상, 소망" 등의 맥락에서 서술함.	2	
	문장이 어법에 어긋나 어색하거나 완결된 한 문장으로 쓰지 못한 경우, 1점 감점.	−1	

해설 '상징'은 추상적인 관념이나 의미(원관념)를 구체적인 사물(보조 관념)로 표현하는 방법이다. 이 시에서 '고래'는 인생을 상징하는 '푸른 바다'에 사는 존재로, 가끔 수평선 위로 치솟아 올라 '별'을 바라보는데, 이 '별'은 꿈, 희망, 이상, 소망 등을 상징한다. 따라서 '고래'는 인생에서 꿈과 희망, 이상 등을 추구하는 존재라고 이해할 수 있다.

2

모범 답안 꿈과 희망(이상)을 추구하며 사랑하는 마음을 지니고 살아가자.

배점	채점 기준	부분 배점	내 점수
4점	시인이 독자에게 궁극적으로 전달하고자 하는 바를 "꿈과 희망(이상)을 추구하기", "사랑하는 마음을 지니기"라는 맥락에서 서술함. (각 2점)	4 ~ 2	
	'-자', '-ㅂ시다' 등의 형식으로 끝나는 청유형 문장으로 쓰지 않은 경우, 1점 감점.	−1	

해설 1연에서는 꿈과 희망을 추구하는 고래를 키우는 사람이 되어야 한다는 것을, 2연에서는 (자신과 타인에 대한) 사랑을 알아야 한다는 것을, 3연에서는 고래와 같이 꿈과 희망, 이상, 소망 등을 추구하며 살아야 한다는 것을 이야기하고 있다. 따라서 이 시는 청년들이 꿈과 희망을 추구하며 사랑하는 마음을 갖고 살아갈 것을 소망하는 마음을 노래하고 있다고 이해할 수 있다.

1

모범 답안 이 시의 화자는 사랑하는 '당신'과 헤어진 상황에서 임에 대한 그리움과 이별의 슬픔을 느끼고 있다.

유사 답안 화자는 사랑하는 임과 이별한 상황에서 슬픔을 느끼며, 떠나간 '당신'에 대해 간절하고 애절한 그리움을 느끼고 있다.

배점	채점 기준	부분 배점	내 점수
4점	화자가 놓인 상황을 "사랑하는 임('당신')과 헤어진 상황"이라는 맥락에서 서술함.	2	
	화자의 정서를 "(임에 대한) 그리움", "(이별의) 슬픔"이라는 맥락에서 서술함. (각 1점)	2	
	'당신'이라는 단어를 포함하지 않은 경우, 1점 감점.	−1	

해설 1연의 "먼 훗날 당신이 찾으시면"이라는 시구를 통해 이 시의 화자는 사랑하는 '당신'과 헤어진 상황임을 알 수 있다. 또 "무척 그리다가", "믿기지 않아서", "오늘도 어제도 아니 잊고" 등의 시구를 통해 화자가 떠나간 임을 잊지 못하고 그리워하며 이별을 슬퍼하고 있음을 짐작할 수 있다.

2

모범 답안 이 시에서는 말하고자 하는 바를 실제와 반대로 표현하는 '반어법'을 사용하여 떠나간 임을 잊지 못하는 화자의 마음을 강조하고 있다.

배점	채점 기준	부분 배점	내 점수
5점	시에 사용된 주된 표현 방법이 "반어법"임을 밝힘.	1	
	'반어법'의 개념을 "말하고자 하는 바를 실제와 반대로 표현한다."라는 맥락에서 서술함.	2	
	표현의 효과를 "떠난 임을 잊지 못하는 화자의 마음을 강조한다."라는 맥락에서 서술함.	2	
	문장이 어법에 어긋나 어색하거나 완결된 한 문장으로 쓰지 못한 경우, 1점 감점.	−1	

해설 이 시의 각 연의 2행에는 "잊었노라"라는 표현이 반복되고 있다. 이는 말하고자 하는 바를 실제와 반대로 표현하는 반어적 표현으로, 겉으로는 임을 잊었다고 말하고 있지만 실제로는 결코 임을 잊을 수 없음을 강조하면서 임에 대한 간절하고 애절한 그리움을 효과적으로 드러내고 있다.

운문 문학 ④

1

모범 답안 금 간 창틈으로 고요히 빗소리

배점	채점 기준	부분 배점	내 점수
4점	해당 시행으로 "금 간 창틈으로 고요히 빗소리"를 제시함. – 해당 시행으로 "금 간 창틈" 또는 "고요히 빗소리"만 제시한 경우, 2점만 부여.	4 ~ 2	
	해당 시행을 본문 그대로 정확하게 옮겨 쓰지 못한 경우, 1점 감점.	−1	

해설 } '시행'은 시의 한 줄 한 줄을 이르는 말이다. 참고로 시에 사용된 말(단어)을 '시어', 시어가 모여서 이루어진 2어절 이상의 구절을 '시구'라고 한다. 1연 8행의 "금 간 창틈"이라는 시구는 어린 시절 '나'가 살던 집의 허름한 모습을 시각적으로 떠올리게 한다. 또 "고요히 빗소리"는 청각적 심상이 느껴지는 시구로, 혼자 엄마를 기다리는 어린 '나'의 쓸쓸함과 외로움을 고조시킨다.

2

모범 답안 화자는 유년 시절에 혼자 엄마를 기다리며 크나큰 외로움과 쓸쓸함을 느꼈기 때문에 자신의 유년 시절을 차갑고 시린 이미지를 지닌 '윗목'에 빗대어 표현했다.

배점	채점 기준	부분 배점	내 점수
4점	화자가 유년 시절을 ㉠과 같이 표현한 까닭을 "혼자 엄마를 기다리며 외로움과 쓸쓸함을 느꼈기 때문"이라는 맥락에서 서술함.	2	
	㉠의 이미지를 "차갑다"의 맥락에서 서술함.	2	
	문장이 어법에 어긋나 어색하거나 완결된 한 문장으로 쓰지 못한 경우, 1점 감점.	−1	

해설 } 1연을 통해 화자는 유년 시절에 홀로 집에서 엄마를 기다리며 외로움과 쓸쓸함, 무서움, 슬픔 등을 느꼈음을 알 수 있다. 2연에서 화자는 이러한 어린 시절의 기억에 대해 서글픔과 안타까움을 느끼고 있는데, 이에 자신의 유년 시절을 따뜻한 아랫목과 달리 차가운 이미지를 지닌 '윗목'에 빗대어 표현했다고 이해할 수 있다.

1

모범 답안 여름에는 매미 떼가 우는 소리 때문에 '나'의 울음이 노래가 되어 사람들에게 전해지지 않기 때문이다.

배점	채점 기준	부분 배점	내 점수
4점	화자가 ㉠과 같이 말한 까닭을 "매미 소리 때문에 '나'의 울음이 사람들에게 전해지지 않아서"라는 맥락에서 서술함.	4	
	'매미'라는 단어를 포함하지 않은 경우, 2점 감점	−2	
	제시된 문장 형식에 맞춰 서술함. − 제시된 문장 형식 가운데 일부를 다르게 쓴 경우, 1점 감점. − 제시된 문장 형식과 전혀 다르게 쓴 경우, 2점 감점.	0 ~ −2	

해설 '울음'은 "높은 가지를 흔드는 매미 소리에 묻"힌 소리, "차가운 바닥 위에 토하는" 소리, "발길에 눌려 우는" 소리이며, '노래'는 "누구의 마음 하나 울릴 수 있"는 소리, "누군가의 가슴에 실려 가는" 소리이다. 따라서 화자가 1연에서 ㉠과 같이 말한 까닭은 매미 떼가 우는 소리 때문에 자신의 울음소리가 노래가 되어 사람들에게 전해지지 않아서라고 이해할 수 있다.

2

모범 답안 ㉡에서는 의문문의 형식으로 표현하는 설의법을 통해 자신의 울음이 누군가에게 감동을 주는 노래가 되기를 바라는 화자의 소망을 강조하고 있다. 또 "누군가의 가슴에 실려 가는 노래"라는 시구에서 청각의 시각화, 즉 공감각적 심상이 느껴진다.

배점	채점 기준	부분 배점	내 점수
4점	㉡에 사용된 표현 방법이 "설의법"임을 밝힘. − '설의법'이라는 말 대신 "말하고자 하는 바를 의문형으로 표현했다."라는 맥락에서 쓴 경우에도 정답으로 인정.	2	
	㉡에 나타난 심상이 "공감각적 심상"임을 밝힘. − '공감각적 심상'이라는 말 대신 "청각의 시각화"라고 쓴 경우에도 정답으로 인정.	2	

해설 이 시의 화자는 자신의 울음이 누군가의 마음을 울리고, 누군가의 가슴에 실려 가는, 감동이 되는 노래가 되기를 소망하고 있다. ㉡은 이러한 화자의 소망이 집약적으로 나타난 시구로, 의문형 어미를 활용한 설의법이 사용되었으며, "누군가의 가슴에 실려 가는 노래"에서 청각의 시각화, 즉 공감각적 심상이 느껴진다.

1

모범 답안 숙모가 두려웠고 삼촌이 두려웠고 더욱이 점순이가 두려웠다.

배점	채점 기준	부분 배점	내 점수
4점	해당 구절로 "숙모가 두려웠고 삼촌이 두려웠고 더욱이 점순이가 두려웠다."를 제시함. – "집엘 가서 대할 숙모가 두려웠고 삼촌이 두려웠고"를 제시한 경우에도 정답으로 인정. – 해당 구절의 일부(단, "~ 두려웠고(다)" 부분 2개 이상 포함)만 제시하여 7어절 미만으로 쓰거나, 해당 구절의 앞부분까지 포함하여 7어절 이상(최대 10어절)으로 쓴 경우, 2점만 부여.	4 ~ 2	
	해당 구절을 본문 그대로 정확하게 옮겨 쓰지 못한 경우, 1점 감점.	−1	

해설 "숙모가 두려웠고 삼촌이 두려웠고 더욱이 점순이가 두려웠다."라는 구절에는 내용적으로 연결되거나 비슷한 어구를 여러 개 늘어놓는 열거법, 같거나 비슷한 어구를 되풀이하는 반복법이 사용되었다. 이 구절은 선생님을 찾아갔으나 끝내 자백을 하지 못한 문기의 내적 갈등이 심화되어 최고조에 이르렀음을 드러낸다.

2

모범 답안 문기가 모든 것을 자백한 뒤 죄책감에서 벗어나 마음이 홀가분해졌음을 의미한다.

유사 답안 문기가 죄책감에서 벗어나 마음이 편안해졌음을 의미한다.

배점	채점 기준	부분 배점	내 점수
4점	문기의 심리(마음 상태)를 "죄책감에서 벗어나 편안해짐/홀가분해짐/내적 갈등을 해소함." 등의 맥락에서 서술함.	4	
	'죄책감'이라는 단어를 포함하지 않은 경우, 2점 감점.	−2	
	문장이 어법에 어긋나 어색하거나 완결된 한 문장으로 쓰지 못한 경우, 1점 감점.	−1	

해설 ㉠은 그간 죄책감에 시달리던 문기가 작은아버지에게 모든 것을 자백한 뒤 마음이 편안해지며 죄책감으로부터 벗어났음을 의미한다. 즉, 문기의 내적 갈등이 해소되었음을 보여 준다고 이해할 수 있다.

1

모범 답안 ㉠: 감자, ㉡: 생색

배점	채점 기준	부분 배점	내 점수
4점	㉠에 들어갈 말로 "감자", ㉡에 들어갈 말로 "생색"을 제시함. (각 2점) – 기호 없이 '감자, 생색'의 순서로 쓴 경우에도 정답으로 인정. – ㉠에 들어갈 말로 '감자'를 포함한 2음절 이상의 단어나 구절 ("굵은 감자" 등), ㉡에 들어갈 말로 '생색'을 포함한 2음절 이상의 단어나 구절을 제시한 경우, 각각 1점씩만 부여.	4 ~ 2	

해설 '나'에게 관심이 있는 점순이는 주변에 아무도 없는 틈을 타 '나'에게 다가와 굵은 감자 세 개를 쥐여 준다. 그러나 자신의 마음을 티 내는 것이 부끄럽고 무안하여 "느 집엔 이거 없지?"라는 말을 하게 된다. 어수룩하고 눈치가 없는 '나'는 점순이의 마음을 알아차리지 못하고 그저 점순이의 생색내는 듯한 말에 기분이 상해 호의를 거절한다. 그러자 자존심에 상처를 입고, 민망함과 부끄러움을 느낀 점순이가 화를 내며 달아난다.

2

모범 답안 인물의 심리(속마음)가 구체적으로 드러난다.

배점	채점 기준	부분 배점	내 점수
4점	서술자를 바꾸어 표현했을 때의 변화를 "인물의 심리(속마음)가 구체적으로 드러난다."라는 맥락에서 서술함. – "인물에게 이름이 생긴다.", "시점이 바뀐다." 등 인물의 심리 측면에서 서술하지 않은 경우, 오답으로 처리.	4	
	문장이 어법에 어긋나 어색하거나 완결된 한 문장으로 쓰지 못한 경우, 1점 감점.	–1	

해설 [A]는 작품 속 등장인물인 '나'가 서술자인 1인칭 시점, 〈보기〉는 서술자가 작품 밖에 위치한 3인칭 시점을 취하고 있다. [A]에서는 '나'의 시선에서 이야기가 서술되어 인물의 심리, 특히 점순이의 심리가 명확하게 드러나지 않고 '나'의 눈에 비친 점순이의 모습과 행동만 묘사되어 있다. 반면 〈보기〉에서는 밑줄 친 부분과 같이 인물의 심리가 "기분이 상한", "몹시 화가 났다." 등 구체적으로 드러나 있다.

1

모범 답안 ㉠: 모순, ㉡: (미래의) 꿈, ㉢: 가능성

배점	채점 기준	부분 배점	내 점수
3점	㉠에 들어갈 말로 "모순", ㉡에 들어갈 말로 "(미래의) 꿈", ㉢에 들어갈 말로 "가능성"을 제시함. (각 1점) – 기호 없이 "모순, (미래의) 꿈, 가능성"과 같이 쓴 경우에도 정답으로 인정. – ㉡과 ㉢은 내용이 서로 바뀌어도 정답으로 인정. – ㉠~㉢에 들어갈 말 가운데 일부만 쓴 경우, 기호가 없어 해당 위치가 분명하지 않으면 오답으로 처리. (예 "꿈, 가능성" / "모순, 가능성" → 오답으로 처리)	3	

해설 〉 이 글의 제목은 '열보다 큰 아홉'이다. 숫자 9는 10보다 작은 수이기에, '아홉'이 '열'보다 크다는 제목은 모순된 표현이라고 생각할 수 있다. 그러나 글쓴이는 완성되지 않은 '아홉'이 미래의 꿈과 가능성을 담고 있는 수이기 때문에 이미 완성된 '열'보다 더 클 수 있다는 의견을 전하고 있다.

2

모범 답안 ㉮에는 설의법, ㉯에는 도치법이 사용되었다. 이는 글쓴이가 단조로운 문장 형태에 변화를 주어 자신의 생각을 강조하기 위한 것으로 볼 수 있다.

배점	채점 기준	부분 배점	내 점수
4점	㉮에 쓰인 표현 방법으로 "설의법", ㉯에 쓰인 표현 방법으로 "도치법"을 제시함. (각 1점) – '설의법', '도치법' 외의 표현(예 설의적 표현 등)은 모두 오답으로 처리.	2	
	표현 방법의 사용 의도를 "자신의 생각(말하고자 하는 바) 강조"라는 맥락에서 서술함.	2	

해설 〉 ㉮에는 "~ 쇠어 왔겠습니까."에서 알 수 있듯이 의문의 형식으로 표현하는 설의법이, ㉯에는 문장의 맨 뒤에 있어야 할 "어떨까요"가 맨 앞에 제시된 것에서 알 수 있듯이 말의 순서를 바꾸어 쓰는 도치법이 사용되었다. 이러한 설의법, 도치법은 단조로운 문장 형태에 변화를 줌으로써 말하고자 하는 바를 강조하는 효과가 있다. 즉, 글쓴이는 ㉮에서는 설의법을 통해 우리나라에서 '열'보다 '아홉'을 더 사랑했음을, ㉯에서는 도치법을 통해 중학생들에게 '열'보다 '아홉'을 더 사랑하기를 권하는 자신의 생각을 강조하고 있다.

1

모범 답안 조셍고데 겡까 스루야쓰가 이루까(조선말로 쌈하는 녀석이 어딨어).

배점	채점 기준	부분 배점	내 점수
4점	해당 구절로 "조셍고데 겡까 스루야쓰가 이루까." 또는 "조선말로 쌈하는 녀석이 어딨어."를 제시함. – 모범 답안에 '고랏!'('이놈아!')을 포함해 4어절을 초과하여 쓴 경우, 2점만 부여.	4 ~ 2	
	해당 구절을 본문 그대로 정확하게 옮겨 쓰지 못한 경우, 1점 감점.	−1	

해설 '나'와 상준이가 조선말을 사용하며 싸우는 것을 본 박 선생님은 "조셍고데 겡까 스루야쓰가 이루까."라며 친구끼리 싸우는 것이 아닌, 조선말을 사용하는 것을 나무란다. 이 말은 웃음을 유발하는 동시에 박 선생님의 친일적 태도를 부각하면서 일제 강점기의 부정적 현실을 폭로하는 효과를 지닌다.

2

모범 답안 '박 선생님'은 학생들에게 일본 말만 쓸 것을 강요하지만, '강 선생님'은 의도적으로 일본 말 사용을 줄이고 조선말을 자주 사용한다. 이는 강 선생님이 우리의 민족정신을 지키고자 했기 때문으로 이해할 수 있다.

유사 답안 '강 선생님'은 민족의식을 지녔기에 일본 말만 쓰는 '박 선생님'과 달리 일본 말 대신 조선말을 자주 쓴다.

배점	채점 기준	부분 배점	내 점수
6점	일본 말 사용에 대한 '강 선생님'의 태도를 "의도적으로 일본 말 대신 조선말을 자주 사용한다."라는 맥락에서 서술함.	2	
	일본 말 사용에 대한 '박 선생님'의 태도를 "일본 말만 쓸 것을 강요한다."라는 맥락에서 서술함.	2	
	'강 선생님'이 의도적으로 조선말을 자주 쓰는 까닭을 "민족정신을 지키고자 함/민족의식을 지님/민족의식이 투철함." 등의 맥락에서 서술함.	2	

해설 박 선생님은 조선말 사용을 금지하는 일제에 동조하여 학생들에게 일본 말만 쓸 것을 강요한다. 이와 달리 강 선생님은 일본 말이 서투르다는 핑계를 대며 의도적으로 조선말을 자주 사용하는데, 이는 자기 나름의 방식으로 일제에 저항하면서 우리의 민족정신을 지키고자 한 행동으로 이해할 수 있다.

1

모범 답안 스스로 생계를 꾸리지 못할 만큼 경제적으로 무능하다.

유사 답안 경제적으로 무능하여 가족의 생계를 책임지지 못한다.

배점	채점 기준	부분 배점	내 점수
4점	㉠에서 알 수 있는 당시 양반의 모습을 "경제적으로 무능하다."라는 맥락에서 서술함.	4	
	30자 내외(27~33자 사이)로 쓰지 않은 경우, 1점 감점.	−1	

해설 관아에서 빌린 곡식을 갚지 못해 옥에 갇힐 위기에 놓인 양반은 그저 눈물만 흘리는 모습을 보인다. 이에 그의 아내는 "양반이라는 게 한 푼어치도 못 되는 것이구려!"라며 양반의 무능함을 비판한다. 이는 곡식을 빌리지 못하면 생계를 꾸리지 못하고, 또 그것을 갚지도 못하는 양반의 경제적 무능함을 보여 준다.

2

모범 답안 작가는 양반에 대해 부정적(비판적)인 태도를 보이고 있다. 이는 양반의 특권 의식과 횡포를 보여 주는 내용의 증서를 본 '부자'가 자신을 '도둑놈'으로 만들 셈이냐고 하는 것에서 간접적으로 드러난다.

배점	채점 기준	부분 배점	내 점수
6점	양반에 대한 작가의 태도를 "부정적/비판적"이라는 맥락에서 서술함.	2	
	증서의 핵심 내용을 "양반의 특권 의식과 횡포를 보여 준다."라는 맥락에서 서술함.	2	
	부자의 말 가운데 "도둑놈"이라는 단어를 인용하여 서술함.	2	
	제시된 문장 형식에 맞춰 서술함. – 제시된 문장 형식 가운데 일부를 다르게 쓴 경우, 1점 감점. – 제시된 문장 형식과 전혀 다르게 쓴 경우, 2점 감점.	0 ~ −2	

해설 '군수'가 작성한 증서에는 권력을 이용해 부당한 이득을 취하고, 방탕하게 생활하며, 백성들에게 횡포를 부리는 양반의 모습이 담겨 있다. 이러한 내용을 본 부자는 "나를 도둑놈으로 만들 작정이시오?"라며 양반이 되기를 포기한다. 이를 통해 작가는 특권 의식에 사로잡힌 양반을 부정적(비판적)으로 보고 있음을 알 수 있다.

1

모범 답안 ㉠: 제한, ㉡: 선택적

배점	채점 기준	부분 배점	내 점수
4점	㉠에 들어갈 말로 "제한", ㉡에 들어갈 말로 "선택적"을 제시함. (각 2점) – ㉠과 ㉡에 들어갈 말 가운데 하나만 쓴 경우, 기호가 없어 해당 위치가 분명하지 않으면 오답으로 처리. (예 "제한" / "선택적" → 오답으로 처리)	4	

해설 이 글에서는 사람들이 첫인상을 형성하고 난 뒤, 그것을 좀처럼 바꾸려 하지 않는 까닭을 '가설 검증 바이어스'에서 찾고 있다. 이에 따르면 사람들은 얼굴 모습과 체격, 키 등의 겉모습과 몸짓, 말투 등의 극히 제한된 정보를 바탕으로 첫인상을 형성하고, 상대의 성격까지 판단한다. 글쓴이는 이처럼 극히 제한된 정보를 바탕으로 형성된 첫인상을 바꾸려 들지 않는 것은 사람들이 자신이 내린 판단이 옳다는 것을 증명하는 정보만 선택적으로 받아들이기 때문이라면서, 이러한 현상을 '가설 검증 바이어스'라고 한다고 설명하고 있다.

2

모범 답안 우리는 '가설 검증 바이어스'에 사로잡혀 상대를 섣부르게 판단하는 일이 없도록 하여야 할 것이다.

배점	채점 기준	부분 배점	내 점수
4점	밑줄 친 부분에 들어갈 내용을 "'가설 검증 바이어스'에 사로잡혀 상대를 섣부르게 판단하지 말아야 한다."라는 맥락에서 서술함.	2	
	밑줄 친 부분에 들어갈 내용을 '우리는'을 주어로 하는 문장으로 서술함.	2	
	문장이 어법에 어긋나 어색하거나 문장 형식으로 완결하지 못한 경우, 1점 감점.	–1	

해설 이 글에서는 첫인상, 혈액형 성격학 등의 사례를 통해 가설 검증 바이어스 때문에 제한된 정보를 바탕으로 형성된 편견이나 선입견이 강화됨을 지적하고 있다. 따라서 글의 마지막 부분에는 가설 검증 바이어스 때문에 발생하는 문제를 범하지 않도록 지녀야 할 바람직한 태도에 관한 내용이 언급되는 것이 적절하다.

1

모범 답안 남극과 북극은 겉으로는 비슷해 보이지만 서로 전혀 다른 특징을 갖고 있다.

배점	채점 기준	부분 배점	내 점수
4점	주제문으로 "남극과 북극은 겉으로는 비슷해 보이지만 서로 전혀 다른 특징을 갖고 있다."를 제시함. – 주어를 '남극과 북극은'으로 고치지 않고 지문 그대로 '두 지역은'으로 쓴 경우, 2점만 부여.	4 ~ 2	
	주어 외의 해당 구절을 본문 그대로 정확하게 옮겨 쓰지 못한 경우, 1점 감점.	−1	

해설 이 글은 '처음' 부분인 첫째 문단에서 남극과 북극, 두 지역이 겉으로는 비슷해 보이지만 서로 전혀 다른 특징을 지니고 있다며 글의 전체 내용을 먼저 소개한 뒤, 지역적·기후적·생태적 측면에서 나타나는 남극과 북극의 차이점을 하나씩 구체적으로 설명하고 있다.

2

모범 답안 남극은 대륙인 반면 북극은 대륙이 아니다. 또 펭귄은 남극에서 볼 수 있고, 북극곰은 북쪽에서만 산다.

유사 답안 남극은 대륙이며, 펭귄이 거주한다. 반면 북극은 얼음덩어리로, 북극곰이 거주한다.

배점	채점 기준	부분 배점	내 점수
4점	남극과 북극의 지역적 차이를 "남극은 대륙이지만 북극은 대륙이 아니다."라는 맥락에서 서술함. – 남극과 북극의 지역적 특성을 바르게 제시하였으나 '대륙'이라는 단어를 포함하지 않은 경우, 1점 감점.	2 ~ 1	
	남극과 북극의 생태적 차이를 "펭귄은 남극에서 볼 수 있고, 북극곰은 북극에서만 산다."라는 맥락에서 서술함.	2	

해설 둘째 문단에 남극은 대륙이지만 북극은 대륙이 아니라는 지역적 차이, 넷째~다섯째 문단에 펭귄은 남극에서 볼 수 있고, 북극곰은 북극에서만 산다는 생태적 차이와 관련된 내용이 제시되어 있다.

1

모범 답안 ｜ ㉠~㉢은 모두 바깥쪽으로 열린다. ㉠은 공간의 활용을 고려하여, ㉡과 ㉢은 비상시의 대피를 위해 문이 바깥쪽으로 열리도록 결정되었다.

배점	채점 기준	부분 배점	내 점수
4점	㉠~㉢이 열리는 문의 방향이 모두 "바깥쪽"임을 밝힘. – 셋 모두 "바깥쪽"이 아닌 경우, 오답으로 처리.	1	
	㉠의 방향이 결정된 요인이 "공간의 활용"임을 밝힘.	1	
	㉡의 방향이 결정된 요인이 "비상시의 대피"임을 밝힘.	1	
	㉢의 방향이 결정된 요인이 "비상시의 대피"임을 밝힘.	1	

해설 ｜ (가)의 마지막 문장에 문의 방향을 결정짓는 세 가지 요인이 제시되어 있다. 주택에서 현관문은 신발을 벗어 둘 공간이 필요하다는 '공간의 활용' 때문에, 아파트 현관문과 극장 문은 건물 내의 화재 같은 '비상시의 대피' 때문에 많은 사람이 한꺼번에 밖으로 대피하기 쉽도록 바깥쪽으로 열린다고 하였다.

2

모범 답안 ｜ 은행 문은 행동 과학의 측면에서 볼 때 안쪽 방향으로 열리는 것이 적절하다. 왜냐하면 도난 사고 발생 시 범인이 은행 바깥으로 나가는 시간을 지연해야 할 필요가 있기 때문이다.

배점	채점 기준	부분 배점	내 점수
4점	은행 문이 "행동 과학"의 측면에서, "안쪽" 방향으로 열리는 것이 적절하다고 서술함. (각 1점)	2 ~ 1	
	은행 문이 안쪽으로 열려야 하는 까닭을 "도난으로부터의 안전" 맥락에서 서술함.	2	
	제시된 문장 형식에 맞춰 서술함. – 제시된 문장 형식 가운데 일부를 다르게 쓴 경우, 1점 감점. – 제시된 문장 형식과 전혀 다르게 쓴 경우, 2점 감점.	0 ~ −2	

해설 ｜ 〈보기〉에서는 은행이 대부분 1층에 위치하여 외부로 대피하기 쉬운 곳에 자리하고 있기 때문에 도난으로부터의 안전에 주된 관심을 두고 은행 문의 여닫는 방향을 결정할 수 있다고 하였다. 따라서 은행 문은 도난 방지를 위한 행동 과학의 측면에서, 쉽게 나가지 못하도록 안쪽 방향으로 열리도록 설계되는 것이 적절하다고 이해할 수 있다.

1

모범 답안
· 세금은 국가나 지방 공공 단체가 국민이나 주민에게 걷는 돈이다.
· 세금은 정부가 국가를 운영하기 위해 꼭 필요한 재원이다.

배점	채점 기준	부분 배점	내 점수
4점	세금의 개념을 서술한 문장으로 "세금은 국가나 지방 공공 단체가 국민이나 주민에게 걷는 돈이다.", "(즉,) 세금은 정부가 국가를 운영하기 위해 꼭 필요한 재원이다."를 각각 제시함. (각 2점)	4	
	해당 구절을 본문 그대로 정확하게 옮겨 쓰지 못한 경우, 각 1점 감점.	−1 ~ −2	

해설 ⟩ 첫 문장에 세금의 개념이 정의의 방식으로 제시되어 있다. 또 세금의 기능을 설명한 둘째 문단의 마지막 문장에도 세금의 개념이 제시되어 있다.

2

모범 답안 이 글에서는 '정의'의 방법을 사용하여 세금의 개념을 밝히고, '구분'의 방법을 사용하여 세금의 종류를 설명하고 있다. 또 '대조'의 방법을 사용하여 직접세와 간접세의 차이를 설명하고 있다.

배점	채점 기준	부분 배점	내 점수
6점	'세금의 개념'을 설명하는 데 "정의"의 설명 방법이 사용되었음을 밝힘.	2	
	'세금의 종류'를 설명하는 데 "구분"의 설명 방법이 사용되었음을 밝힘.	2	
	'직접세와 간접세의 차이'를 설명하는 데 "대조"의 설명 방법이 사용되었음을 밝힘.	2	

해설 ⟩ 이 글에서는 다양한 설명 방법을 활용하여 세금에 대한 정보를 효과적으로 전달하고 있다. 먼저 대상의 뜻을 쉽게 풀어서 설명하는 '정의'의 방법으로 세금의 개념을 밝히고, 대상을 일정한 기준에 따라 나누어 설명하는 '구분'의 방법으로 납부 방식에 따른 세금의 종류를 직접세와 간접세로 나누어 설명하고 있다. 또 둘 이상의 대상이 지닌 차이점을 들어 설명하는 '대조'의 방법으로 직접세와 간접세의 차이를 설명하고 있다.

1

모범 답안 (가)와 (나)는 모두 논설문으로, 독자를 설득하려는 목적을 지니고 있다.

배점	채점 기준	부분 배점	내 점수
4점	(가), (나)의 글의 종류가 "논설문"임을 밝힘.	2	
	(가), (나)의 글의 목적이 "설득"임을 밝힘.	2	

해설 (가)는 '정보화'의 순기능, (나)는 '정보화'의 역기능에 대한 글쓴이의 주장을 담고 있는 글로, 둘 모두 글을 읽는 독자를 설득하기 위한 목적으로 쓰인 논설문이다.

2

모범 답안 (가)는 '정보화'가 사회적 불평등을 해소하거나 완화시킬 것이라고 보지만, (나)는 '정보화'가 사회적 불평등을 심화시킬 것이라고 보고 있다. 나는 '정보화'가 사회적 불평등을 완화하는 데 기여한다고 생각한다. '정보화'는 누구나 다양한 정보에 접근할 수 있게 하고, 시간적·공간적 제약을 무너뜨려 언제 어디서나 정보에 접근할 수 있게 하기 때문이다. 따라서 정보 통신 기기에 대한 접근성을 높이고 지속적인 교육 기회를 제공한다면 '정보화'는 사회의 경제적·문화적 불평등을 완화하는 데 도움이 될 것이다.

배점	채점 기준	부분 배점	내 점수
10점	'정보화'에 대한 (가)의 관점을 "정보화는 사회적 불평등을 해소하거나 완화한다.", (나)의 관점을 "정보화는 사회적 불평등을 심화한다."라는 맥락에서 서술함. (각 2점)	4 ~ 2	
	정보화에 대한 자신의 입장을 분명하게 밝힘.	2	
	정보화에 대한 자신의 입장을 뒷받침하는 적절한 근거 두 가지를 제시함. (각 2점) – 적절한 근거를 셋 이상 쓰더라도 추가 점수 없음.	4 ~ 2	
	300자 이내(270~300자 사이)로 쓰지 않은 경우, 2점 감점.	−2	

해설 (가)는 '정보화'가 사회적 불평등을 완화하는 순기능을 갖는다는 주장을, (나)는 '정보화'가 사회적 불평등을 심화시키는 역기능을 갖는다는 주장을 펼치고 있다. 이러한 두 입장 가운데 하나를 선택하거나 두 입장을 절충하여 자신의 입장을 정할 수 있다. 또 (가) 또는 (나)의 내용이나 자신의 배경지식을 활용하여 적절한 근거를 제시할 수 있다.

1

(1) **모범 답안**
- 나라의 모든 사람이 '개'를 '개'라고 부르자고 약속했다는 점에서 언어의 사회성을 알 수 있다.
- 나라별로 '털북숭이 네발짐승'을 서로 다른 이름으로 부른다는 점에서 언어의 자의성을 알 수 있다.

배점	채점 기준	부분 배점	내 점수
4점	"모든 사람이 '개'를 '개'로 부르자고 약속했음."을 들어 "언어의 사회성"을 언급하거나, "나라별로 '털북숭이 네발짐승'을 서로 다른 이름으로 부름."을 들어 "언어의 자의성"을 언급함. – 두 가지 가운데 하나만 제시하면 정답으로 인정. – 두 가지 모두를 제시하더라도 추가 점수 없음. – 구체적인 근거 없이 '언어의 사회성' 또는 '언어의 자의성'만 언급한 경우, 2점만 부여.	4 ~ 2	

해설 [A]에서 발견할 수 있는 언어의 본질은 사회성과 자의성이다. 사회성은 '언어는 그 언어를 사용하는 사람들 사이의 사회적 약속이기 때문에 개인이 마음대로 바꾸어 사용할 수 없다'는 것을, 자의성은 '언어의 뜻(의미)과 말소리 사이에는 필연적인 관계가 없다'는 것을 말한다. [A]에서 모든 사람이 '개'를 '개'라고 부르자고 약속했다는 것에서 언어의 사회성을, 털북숭이 네발짐승을 프랑스에서는 '시엥', 독일어로는 '하운드', 우리말로는 '개'라고 부르는 등 전 세계적으로 다른 말이 있다는 것에서 언어의 자의성을 확인할 수 있다.

(2) **모범 답안** '닉'이 언어의 사회성을 무시하고 '펜'을 자기 마음대로 '프린들'이라고 바꿔 불렀기 때문이다.

배점	채점 기준	부분 배점	내 점수
4점	자넷이 ㉠과 같이 반응한 까닭을 "닉이 '언어의 사회성'을 무시하고 '펜'을 '프린들'이라고 바꿔 불러서"라는 맥락에서 서술함. – "언어의 사회성 무시"라는 맥락의 내용 없이 "'펜'을 '프린들'로 바꿔 불렀다."라는 내용만 쓴 경우, 2점만 부여.	4 ~ 2	

해설 자넷이 볼펜을 받아 들며 '바보 아냐?' 하는 눈빛으로 닉을 쳐다본 것은, 언어의 사회성을 무시하고 혼자서 펜을 다른 이름으로 부르는 닉이 이상하다고 생각했기 때문이다.

2

모범 답안 '새'는 형태가 변하지 않는 단어로, 기능상으로는 수식언, 의미상으로는 관형사에 해당한다. 반면 '새롭다'는 형태가 변하는 단어로, 기능상으로는 용언, 의미상으로는 형용사에 해당한다.

배점	채점 기준	부분 배점	내 점수
6점	'새'를 "형태가 변하지 않는 단어(불변어), 수식언, 관형사"로 분석함. (각 1점)	3 ~ 1	
	'새롭다'를 "형태가 변하는 단어(가변어), 용언, 형용사"로 분석함. (각 1점)	3 ~ 1	

해설 '새'는 형태가 변하지 않는 불변어로, 기능상으로는 다른 말을 꾸며 주는 역할을 하는 '수식언', 의미상으로는 체언을 꾸며 주는 '관형사'에 해당한다. 반면 '새롭다'는 형태가 변하는 가변어로, 기능상으로는 문장에서 서술하는 역할을 하는 '용언', 의미상으로는 사람이나 사물의 상태나 성질을 나타내는 '형용사'에 해당한다.

3

모범 답안 '개'와 '고양이' 뒤에 붙은 조사가 달라 문장에서 동작의 주체와 대상이 다르기 때문이다.

배점	채점 기준	부분 배점	내 점수
4점	"'개'와 '고양이' 뒤에 붙은 '조사'가 다름(조사의 차이가 의미 변화를 가져왔음)."을 밝힘. – '조사'라는 표현을 쓰지 않고 "'개'와 '고양이' 뒤에 붙은 말'"과 같이 쓴 경우, 1점만 부여.	2 ~ 1	
	두 문장에서 "동작의 주체와 대상이 다름."을 서술함. – '동작, 주체, 대상'이라는 단어 모두를 포함하여 서술하지 않은 경우, 오답으로 처리.	2	

해설 '가'는 주격 조사로, 앞에 오는 체언이 주어의 역할을 하게 하며, '를'은 목적격 조사로, 앞에 오는 체언이 목적어의 역할을 하게 한다. ㉮와 ㉯에서는 '개'와 '고양이' 뒤에 붙은 조사가 바뀌어 주어와 목적어가 달라져 있다. 이에 동작의 주체와 대상이 달라 의미가 전혀 다른 것이다.

문법 / 듣기·말하기 / 쓰기 ②

1

모범 답안 (가)는 지역 방언, (나)는 사회 방언을 사용한 상황으로, 상대방이 알지 못하는 어휘를 사용해 의사소통에 문제가 생겼다.

배점	채점 기준	부분 배점	내 점수
4점	(가)는 "지역 방언", (나)는 "사회 방언"이 사용되었음을 밝힘. (각 1점) – '지역 방언', '사회 방언'이라는 명칭을 정확하게 쓰지 못하거나, (가)와 (나) 가운데 어디에 해당하는지를 명확하게 구분하여 제시하지 못한 경우, 오답으로 처리.	2	
	의사소통에 문제가 생긴 까닭을 "상대방이 알지 못하는 어휘를 사용해서"라는 맥락에서 서술함.	2	

해설 (가)의 '아주머니'는 지역 방언, (나)의 두 딸은 사회 방언(신조어)을 사용하여 의사소통에 문제가 생겼다. 즉, 상대방이 알지 못하는 어휘를 사용하여 의사소통 과정에 문제가 생긴 것이다. 지역이나 나이, 집단이 서로 다른 사람들이 원활하게 의사소통하기 위해서는 상대방을 고려하여 적절한 어휘를 사용해야 한다.

2

모범 답안 좀 더 정확하고 분화된 의미를 지니고 있다

배점	채점 기준	부분 배점	내 점수
4점	빈칸에 들어갈 내용을 "좀 더 정확하고 분화된 의미를 지니고 있다."라는 맥락에서 서술함.	4	
	20자 내외(17~23자 사이)로 쓰지 않은 경우, 1점 감점.	-1	
	답안을 문제에서 제시된 문장의 빈칸에 넣었을 때, 문장의 호응 등이 어색하거나 자연스럽지 않은 경우, 1점 감점.	-1	

해설 제시된 탐구 자료를 보면, '고치다'라는 하나의 고유어에 대응하는 한자어가 '치료하다(병이나 상처 따위를 잘 다스려 낫게 하다)', '수리하다(고장 나거나 허름한 데를 손보아 고치다)', '수정하다(바로잡아 고치다)' 등으로 다양하다는 것을 알 수 있다. 이처럼 한자어는 고유어에 비해 좀 더 정확하고 분화된 의미를 지니고 있어서 고유어를 보완하는 역할을 한다.

3

모범 답안 우리말을 표기할 때에는 표준어를 소리대로 적되, 뜻을 파악하기 쉽도록 단어의 원래 형태를 밝혀 적어야 한다.

배점	채점 기준	부분 배점	내 점수
4점	우리말을 표기할 때 고려해야 할 점으로 "표준어를 소리대로 적는다.", "단어의 원래 형태를 밝혀 적는다(어법에 맞게 적는다)." 라는 두 가지 내용을 제시함. (각 2점)	4	
	문장이 어법에 어긋나 어색하거나 완결된 한 문장으로 쓰지 못한 경우, 1점 감점.	-1	

해설 우리말을 표기할 때에는 표준어를 소리대로 적되, 어법에 맞도록 함을 원칙으로 한다. 이는 표준어를 발음 형태대로 적되, 뜻을 파악하기 쉽도록 단어의 원래 형태를 밝혀 적어야 한다는 것을 말한다.

4

모범 답안 ㉠: ㄱ, ㉡: ㄹ

배점	채점 기준	부분 배점	내 점수
4점	㉠에 들어갈 말로 "ㄱ", ㉡에 들어갈 말로 "ㄹ"을 제시함. (각 2점) - ㉠과 ㉡에 들어갈 말 가운데 하나만 쓴 경우, 기호가 없어 해당 위치가 분명하지 않으면 오답으로 처리 (예 "ㄱ" / "ㄹ" → 오답으로 처리)	4	

해설 '사례 1'은 겹받침 'ㄺ'이 단어의 끝(종성)이나 자음 앞에 제시된 경우이다. 이때 'ㄺ'은 모두 [ㄱ]으로 발음되는 것을 확인할 수 있다. '사례 2'는 체언인 '닭', '흙'에서는 '사례 1'의 발음 원리가 적용되지만, '묽다', '밝다'와 같은 용언에서는 끝소리 'ㄺ'이 'ㄱ' 앞에서 [ㄹ]로 발음된다는 것을 보여 준다.

문법 / 듣기·말하기 / 쓰기 ③

1

(1) **모범 답안** 반칙을 인정하고 (7반과) 재경기를 해야 하는가?

배점	채점 기준	부분 배점	내 점수
2점	학생들이 갈등하게 된 문제 상황을 "재경기를 해야 하는가?"라는 맥락에서 서술함.	2	
	'~해야 하는가?'의 형식으로 종결하지 않은 경우, 1점 감점.	−1	

해설 '욱'이 속한 8반 학생들은 농구 경기에서의 반칙을 인정하고 7반과 재경기를 할지 말지를 둘러싸고 갈등하고 있다.

(2) **모범 답안** 노력, 재경기, 완벽

배점	채점 기준	부분 배점	내 점수
3점	빈칸에 들어갈 말을 "노력", "재경기", "완벽"의 순서로 제시함. (각 1점) – 답을 일부만 쓴 경우, 어디에 해당하는 답인지를 분명하게 표시해야 정답으로 인정. – 정답과 같은 의미의 단어여도, 본문에 제시된 단어가 아니면 오답으로 처리.	3	

해설 '욱'은 정정당당하게 승부를 겨루는 멋진 경기를 보면 기분이 좋지 않냐면서 최소한 그렇게 하려고 노력은 해야 한다며 반칙을 인정하고 7반과 재경기를 할 것을 주장하고 있다. 반면 '하림'은 재경기를 하면 7반을 이기지 못한다는 점을, '순신'은 반칙을 인정하면 7반 아이들에게 비아냥을 받을 것이라는 점을, '정민'은 체육 선생님이 보지 못 한 7반의 반칙도 많고 완벽한 경기는 없다는 점을 내세우며 재경기를 해서는 안 된다고 주장하고 있다.

2

모범 답안 상대방의 의견을 존중하지 않고 감정적으로 대응하며 자신의 의견만 말하고 있다.

배점	채점 기준	부분 배점	내 점수
4점	세리, 용우, 보비, 순신의 말하기에 나타난 문제점을 "상대방의 의견을 존중하지 않는다.", "감정적으로 대응한다."라는 맥락에서 서술함. (각 2점)	4 ~ 2	
	40자 내외(36~44자 사이)로 쓰지 않은 경우, 1점 감점.	-1	

해설 반칙을 인정하고 재경기를 하자는 '욱'의 주장에 대해 '세리'는 씩씩거리면서 마음대로 하지 말라며 흥분하고 있고, '용우'는 절대 동의할 수 없다고 외치고 있다. 또 '보비'는 승리를 그냥 갖다 바치자는 말이냐며 목소리를 높이고 있고, '순신'은 7반 아이들의 비웃음과 비아냥을 절대 볼 수 없다며 감정적으로 대응하고 있다. 이처럼 아이들은 '욱'의 의견에 대해 존중하는 태도를 보이지 않고 감정적으로 대응하며 자신의 생각만 강조할 뿐, 문제를 해결하기 위한 협력적인 태도를 보이지 않고 있다.

문법 / 듣기·말하기 / 쓰기 ④

1

모범 답안
- ㉠: 학급 구성원 모두가 역할을 맡아 참여할 수 있다.
- ㉡: 많은 학생이 찾아와 신나게 축제를 즐길 수 있다.
- ㉢: 학급 활동을 통해 보람을 느낄 수 있다.

배점	채점 기준	부분 배점	내 점수
6점	㉠에 들어갈 내용을 "학급 구성원 모두가 역할을 맡아 참여할 수 있다."라는 맥락에서 서술함.	2	
	㉡에 들어갈 내용을 "많은 학생이 찾아와 신나게 축제를 즐길 수 있다."라는 맥락에서 서술함.	2	
	㉢에 들어갈 내용을 "학급 활동을 통해 보람을 느낄 수 있다."라는 맥락에서 서술함.	2	
	㉠, ㉡, ㉢에 해당하는 답안을 문제에서 제시된 문장의 빈칸에 넣었을 때, 문장의 호응 등이 어색하거나 자연스럽지 않은 경우, 각 1점 감점.	−1 ~ −3	

해설 '이기문'은 학급 활동은 구성원 모두가 참여할 때 의미가 있다면서 먹거리 장터를 운영하기 위해서는 다양한 역할이 필요하므로 학급 구성원 모두가 역할을 맡아 참여할 수 있다며 먹거리 장터 운영을 주장하고 있다. 또 '김은우'는 작년 축제 만족도 조사 결과 공포 체험 활동이 재미있었다는 의견이 많았으므로, 이 활동을 하면 학생들이 많이 찾아와 신나게 축제를 즐길 수 있을 것이라며 귀신의 집 운영을 주장하고 있다. 마지막으로 '정윤호'는 학급 봉사 활동을 했던 경험을 바탕으로 가정에서 잘 사용하지 않는 물품을 가져와 판매한 후 그 수익금을 복지관에 기부하면 보람을 느낄 수 있을 것이라며 나눔 가게 운영을 주장하고 있다.

2

모범 답안 청중과의 질의응답 과정에서 불 사용 문제로 음식 종류가 한정된다면 먹거리 장터에 학급 구성원 모두가 참여하기 어려우며, 안전사고가 생길 수 있다면 귀신의 집 운영을 다시 생각해 보아야 한다고 하였다. 따라서 보람을 느낄 수 있고, 자원의 재활용이라는 측면에서도 의미가 있는 나눔 가게를 운영하는 것으로 결론이 날 것이다.

유사 답안 먹거리 장터는 불 사용 문제로 음식 종류가 한정되면 학급 구성원 모두가 참여하기 어렵고, 귀신의 집은 안전사고의 우려가 있어 특색 있는 분위기를 만들기가 쉽지 않다. 따라서 토의 결과 학교 축제 때 나눔 가게를 운영하는 것으로 결론이 날 것이다.

배점	채점 기준	부분 배점	내 점수
6점	토의를 통해 내려질 결론을 "학교 축제 때 나눔 가게를 운영한다."라는 맥락에서 서술함.	2	
	'먹거리 장터'의 문제점을 "불 사용 문제로 음식의 종류가 한정되면 학급 구성원 모두가 참여하기 어렵다."라는 맥락에서 서술함.	2	
	'귀신의 집'의 문제점을 "안전사고가 생길 수 있다."라는 맥락에서 서술함.	2	

해설 청중과의 질의응답 과정에서 '이기문'은 교실에서 불을 사용할 수 없기 때문에 음식의 종류가 한정될 수 있다는 지적을 듣고, 그렇다면 활동의 폭이 많이 줄어들어 학급 구성원 모두가 참여하기 어려울 것이라며 문제점을 인정하고 있다. 또 '김은우'는 책상과 의자를 쌓아 동굴처럼 만들고, 창문을 모두 가려 교실을 어둡게 하는 등 특색 있게 귀신의 집을 꾸리면 안전 문제가 있을 수 있다는 지적을 듣고 다시 생각해 봐야 할 것 같다며 문제점을 인정하고 있다. 그리고 '청중 3'은 토의를 거치며 생각이 바뀌어 나눔 가게 운영이 의미 있는 활동 같다는 견해를 보이고 있다. 따라서 토의의 흐름상 나눔 가게를 운영하는 것으로 결론이 날 것이라고 예측할 수 있다.

1

모범 답안 통일성은 글을 이루는 내용들이 하나의 주제를 향하여 서로 긴밀하게 연결되어 있는 것을 뜻한다. 이러한 개념에 비추어 볼 때, (라)는 통일성에 어긋난다. 왜냐하면 이 글은 '우리나라 발효 식품의 장점'에 대해 이야기하고 있는데, (라)는 우리나라 발효 식품의 단점을 이야기하고 있기 때문이다.

배점	채점 기준	부분 배점	내 점수
6점	통일성의 개념을 "하나의 주제를 향해 각 내용이 긴밀하게 연결되는 것"의 맥락에서 서술함.	2	
	글 전체의 주제를 "우리나라 발효 식품의 장점"이라는 맥락에서 서술함.	2	
	통일성에 어긋난 문단으로 "(라)"를 제시함.	1	
	(라)의 내용을 "우리나라 발효 식품의 단점"의 맥락에서 서술함.	1	
	제시된 문장 형식에 맞춰 서술함. – 제시된 문장 형식 가운데 일부를 다르게 쓴 경우, 1점 감점. – 제시된 문장 형식과 전혀 다르게 쓴 경우, 2점 감점.	0 ~ −2	

해설 '통일성'이란 글을 이루는 내용들이 하나의 주제(중심 내용)를 향하여 서로 긴밀하게 연결되어 있는 것을 말한다. 제시된 글은 글의 서두((가))와 결론((바))으로 볼 때 '우리나라 발효 식품의 장점'에 대해 이야기하고 있다고 볼 수 있다. 그런데 (라)는 우리나라 발효 식품의 단점을 이야기하고 있기 때문에 통일성에 위배된다고 볼 수 있다.

2

(1) **모범 답안** 단맛의 유혹을 이기는 것은 여간 어려운 일이 아니다.

배점	채점 기준	부분 배점	내 점수
4점	㉠을 "단맛의 유혹을 이기는 것은 여간 어려운 일이 아니다."로 고침. – "일이다. → 일이 아니다."와 같이 고친 부분만 제시한 경우, 2점만 부여.	4 ~ 2	

해설 '여간'은 주로 부정의 의미를 나타내는 말과 함께 쓰여 그 상태가 보통으로 보아 넘길 만한 것임을 나타내는 말이다. ㉠은 부사어와 서술어의 호응이 적절하지 않으므로 '일이다'를 '일이 아니다'로 고쳐 써야 한다.

(2) **모범 답안** 메이플 시럽은 단풍나무의 수액을 끓여서 만든 천연 감미료로, 캐나다나 미국에서 많이 생산된다. 메이플 시럽은 설탕보다 적은 양으로 설탕과 비슷한 단맛을 내며, 비타민과 무기질, 항산화 성분 등 다양한 영양소가 포함되어 있다.

배점	채점 기준	부분 배점	내 점수
6점	[A]의 둘째 문단("그런데 우리나라에서도 ~ 여러 용도로 사용한다.")을 삭제함.	2	
	[A]의 첫째 문단을 둘 이상의 문장으로 끊어 자연스럽게 고침. – 모범 답안으로 제시된 형태 외에도 의미가 그대로 전달되게 간결하게 고쳐 쓴 경우, 정답으로 인정.	2	
	"작은 양"을 "적은 양"으로 고침.	2	

해설 [A]의 둘째 문단은 글 전체의 주제에서 벗어난 내용이므로 문단 전체를 삭제해야 한다. 또 [A]의 첫째 문단은 여러 문장이 하나로 연결되어 있어 장황한 느낌을 주므로 표현 효과를 고려하여 "~ 생산된다. 메이플 시럽은 설탕보다 ~"와 같이 간결하게 고쳐 쓰는 것이 좋다. 마지막으로 '양'은 크기가 아니라 많고 적음을 뜻하는 말이므로 '작은 양'이 아니라 '적은 양'으로 고쳐 써야 한다.

시험에 더 강해진다!

보카클리어 시리즈

동아출판

하루 25개 40일, 중학 필수 어휘 끝!

중등 시리즈

중학 기본편 | 예비중~중학 1학년
중학 기본+필수 어휘 1000개

중학 실력편 | 중학 2~3학년
중학 핵심 어휘 1000개

중학 완성편 | 중학 3학년~예비고
중학+예비 고등 어휘 1000개

자세한 우리말 풀이로
혼자서도 쉽게!

고교필수·수능 어휘 완벽 마스터!

고등 시리즈

고교필수편 | 고등 1~2학년
고교 필수 어휘 1600개
하루 40개, 40일 완성

수능편 | 고등 2~3학년
수능 핵심 어휘 2000개
하루 40개, 50일 완성

시험에 꼭 나오는
유의어, 반의어, 숙어가 한 눈에!

학습 지원 서비스

휴대용 미니 단어장

어휘 MP3 파일

중등   고등

모바일 어휘 학습 '암기고래' 앱
일반 모드 입장하기 > 영어 > 동아출판 > 보카클리어

안드로이드   iOS

내신과 수능의 빠른시작!
중학 국어 빠작 시리즈

최신개정판

비문학 독해 0~3단계

독해력과 어휘력을
함께 키우는
독해 기본서

최신개정판

문학 독해 1~3단계

필수 작품을 통해
문학 독해력을 기르는
독해 기본서

빠작 ON⁺와 함께
독해력 플러스!

문학X비문학 독해 1~3단계

문학 독해력과
비문학 독해력을 함께 키우는
독해 기본서

고전 문학 독해

필수 작품을 통해
고전 문학 독해력을 기르는
독해 기본서

어휘 1~3단계

내신과 수능의
기초를 마련하는
중학 어휘 기본서

한자 어휘

중학 국어 필수 어휘를
배우는 한자 어휘 기본서

서술형 쓰기

유형으로 익히는
실전 TIP 중심의
서술형 실전서

첫 문법

중학 국어 문법을
쉽게 익히는 문법 입문서

문법

풍부한 문제로 문법 개념을
정리하는 문법서